大脑使用书 / 06

右脑开发训练

◎李昕 编

中国华侨出版社
北 京

Preface
前 言

著名科学家霍金曾经说过：有一个聪明的大脑，你就会比别人更接近成功。大脑不仅控制了人的思想，还控制着人的感觉、情绪以及身体的各种反应，最终主宰着人一生的发展。

人类的大脑有着无穷的潜力。遗憾的是，对于大脑的这种巨大潜能，我们并没有充分开发。科学家调查结果表明，到目前为止人类的大脑普遍才开发了5%，即使像爱因斯坦这些科学精英的大脑的开发程度也只达到13%左右。实践证明，合理开发左右脑，适时地进行头脑思维训练，能迅速提升人的心智，使人们具有更强的理解力和创造力，让每个人的潜能得到淋漓尽致的发挥。

为了帮助人们更全面科学地开发自身的大脑潜力，立足于左右脑分工的理论，结合认知能力与认识特点，我们特意编写了《右脑训练开发》一书。本书荟萃了古今中外众多思维训练题，包括算术类、几何类、组合类、推理类、文字类等各种的思维游戏，每一个游戏都让读者在娱乐中带动思维高速运转，强化左脑和右脑的交互运用，从而提高观察力、想象力、创造力、记忆力等多种思维能力。此外，在全书的最后都配有详尽的解析和参考答案，以利于你更好地掌握内容。

书中近300道训练题难易有度，有看似复杂却非常简单的推理问题，有让人迷惑不解的图形难题，有运用算数技巧与常识解决的谜题，以及由词语、数字组成的字谜等。无论大人、孩子，或是学生、上班族、管理者，甚至高智商的天才们，都能在此找到适合自己的题目。在解决问题的过程中，你需要大胆的设想、判断和推测，需要尽量发挥想象力，突破固有的思维模式，充分运用创造性思维，多角度、多层次地审视问题，将所有线索纳入你的思考。这些精彩纷呈的训练题将让你在享受乐趣的同时，彻底带动你的思维高速运转起来，充分发掘大脑潜力，让你越玩越聪明，越玩越优秀。

无论你是9岁，还是99岁，对于任何一个想变聪明的人来说，本书都是不二的选择。你可以利用点滴时间来进行阅读和练习，既可用它作为专门训练，也可用把它当作业余消闲。相信阅读完本书，你的思维将会更缜密，观察更敏锐，想象更丰富，心思更细腻，做事更理性，心情更愉快。

Contents
目录

第二章 想象力

第三章 创造力

第四章 计算力

答　案

第一章

观察力

001 中心方块

中心小方块是不是比周围的区域暗？

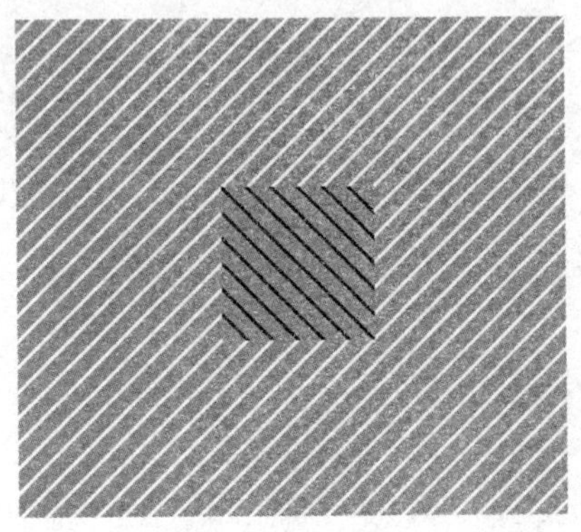

002 灰色条纹

左右两个灰色竖条纹的灰度一样吗？

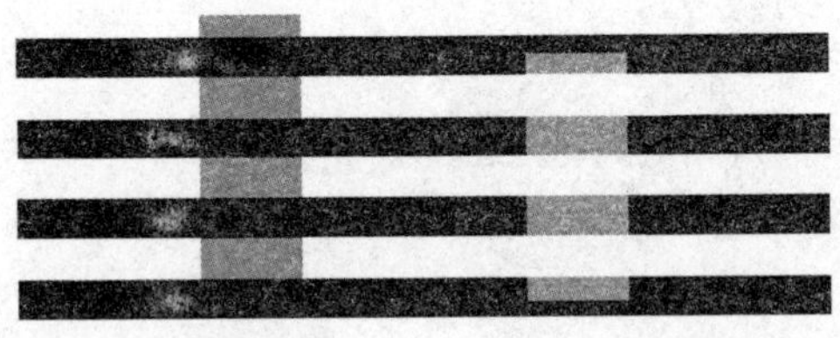

003 倾斜的棋盘

棋盘中每个小棋子的亮度相同吗？

004 双菱形

图中两个菱形的亮度相同吗？

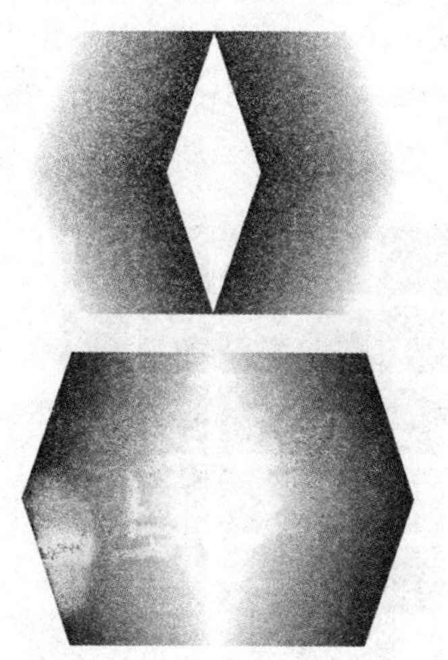

005 圆圈

看到圆圈了吗？这些圆圈是不是比背景亮一些？

006 赫尔曼栅格

看到交叉处的灰点了吗？仔细看它并不存在。你能解释这个原因吗？

007 闪烁的点

在这幅闪烁栅格的变化中，当转动眼球观察图片时，会有什么变化？如果你注视圆心，又会有什么变化呢？

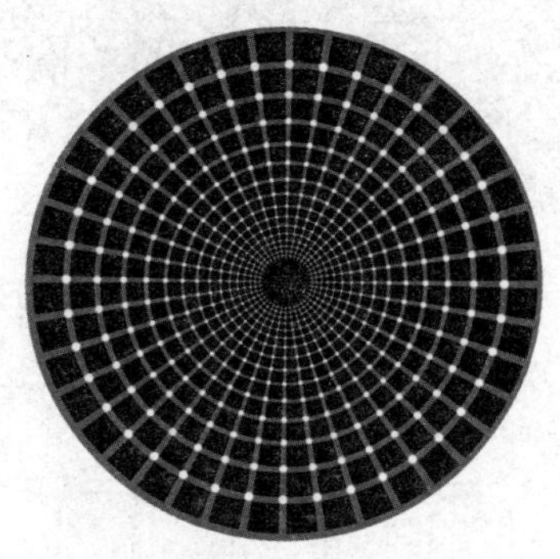

008 闪烁的栅格

转动眼球，联结处会闪烁，闪烁的位置也不断改变。如果凝视任何交叉点，那个点就不再闪烁。你能解释这个原因吗？

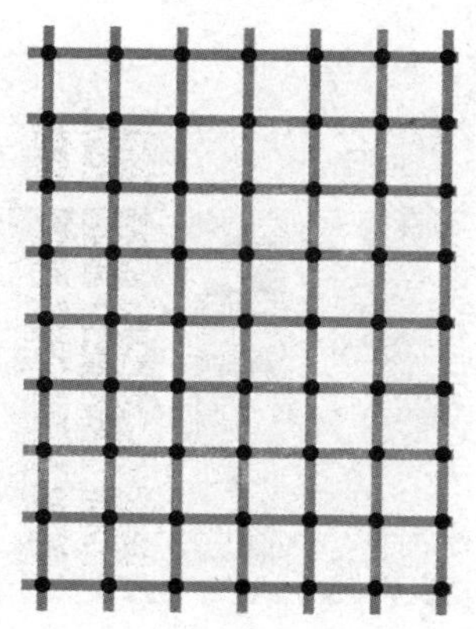

009 神奇的圆圈

扫视图片，每个圆圈中会出现小黑点。你能看到吗？

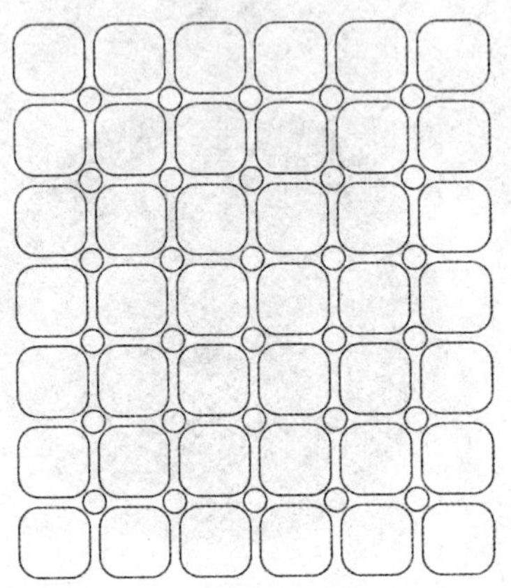

010 小圆圈

环顾这张图片，小圆圈看起来好像忽明忽暗。你能感觉到吗？

011 线条

这些竖线条是直的还是弯曲的?

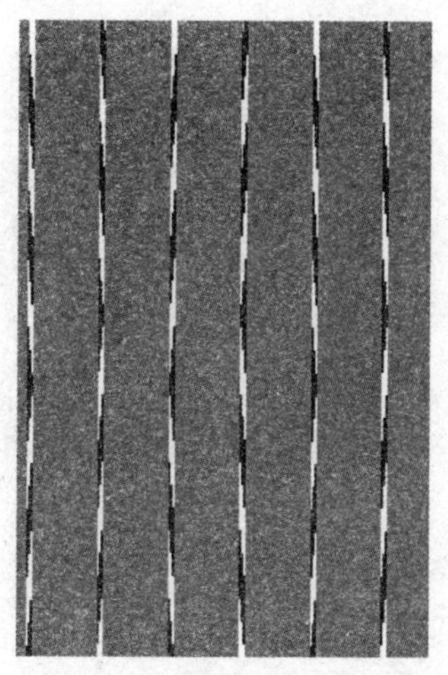

012 线条组成的圆

图中由一系列线条组成的圆是同心圆还是弯曲的圆呢?

013 面孔

你应该一眼就能看到高脚杯，那么，你能看到两个人的轮廓吗？

014 单词

这个图形中有Figure和Ground两个单词，你看出来了吗？

015 鱼

凝视这幅图中的鱼，它们向哪个方向游呢？

016 萨拉与内德

你能找到一张女人的脸和一个萨克斯演奏家吗？萨拉是一个女人的名字，内德是吹萨克斯的男人。

017 圣乔治大战恶龙

你能发现圣乔治的肖像和他与恶龙大战的场景吗？

018 虚幻

你能看到骷髅头吗？

019 高帽

帽子的高度是不是比宽度长？

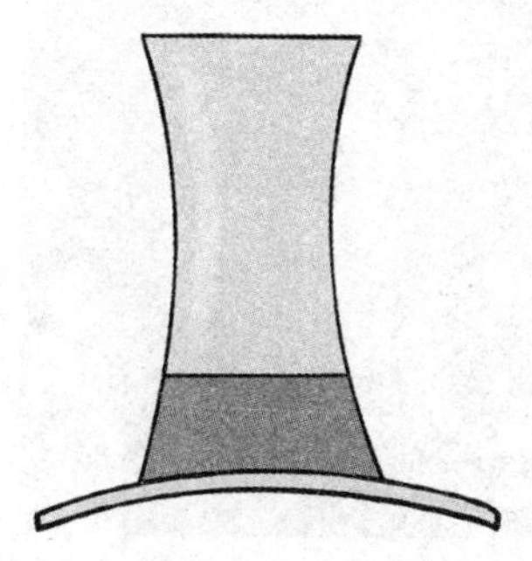

020 旋涡

头部前后移动观察图片，它会有什么变化呢？

021 贺加斯的透视

你能从图中找出几处透视错误呢？

022 三角形

这是奥斯卡·路透斯沃德的一幅三角形精简图。这个三角形有可能存在吗?

023 小物包大物

图中所示的景象在现实中有可能出现吗?

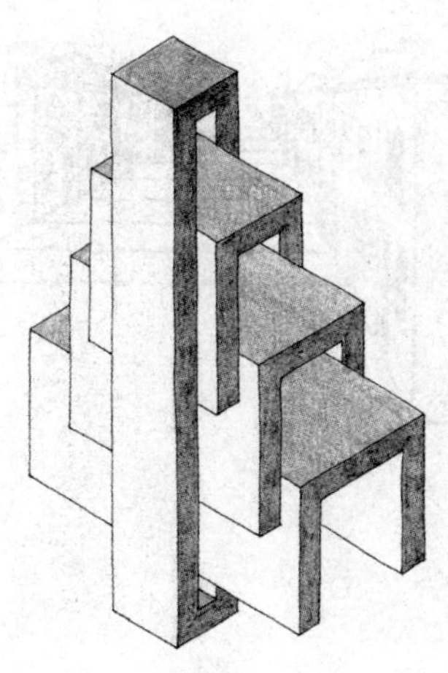

024 扭曲的三角

这幅图有问题吗？

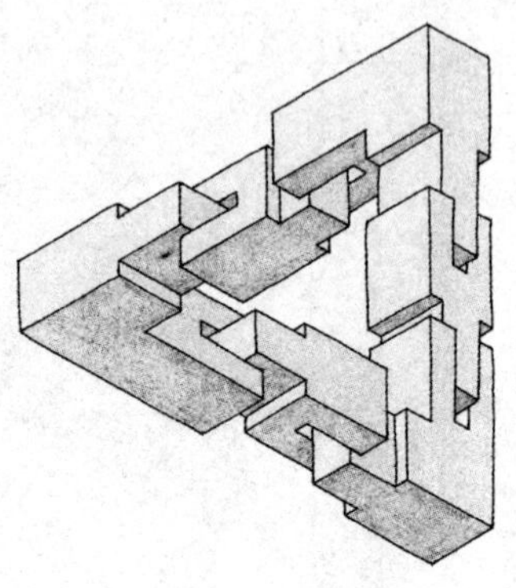

025 房子

两幢房子向远处延伸。线段AB与CD谁更长？

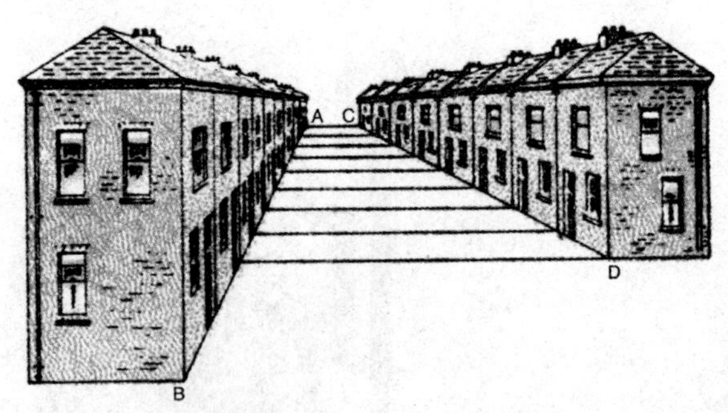

026 人脸图形

你看到一个人头还是两个女人的侧面像?

027 老太太还是少妇

你看到的是老太太的侧面像，还是少妇的侧面像？

028 对角线的长度

这个小男孩在玩4个全等的大立方体。

他只用一个直尺，能否量出立方体对角线的长度？

029 在镜子中的记忆

仔细观察左边的图案，记住它的形状和所占的格子。然后盖住图案，在右边的“镜子中”对称地画出它的图像。

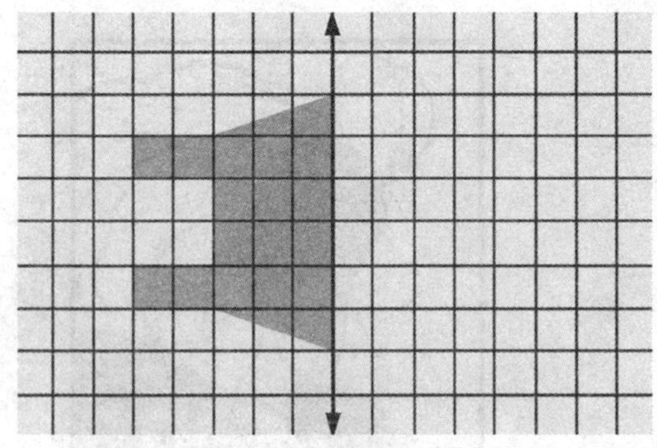

030 立方体上色

8个小立方体组成了一个2 × 2 × 2的大立方体。

请你给这个大立方体表面的24个小正方形上色，使得每两个共一条边的小正方形的颜色都不相同。

最少需要多少种颜色？

031 神奇的风筝

右图就是著名的“风筝思维游戏”。要做这个游戏，你得先画一个风筝。然后画一条线把风筝连接起来，但是必须一步完成（即用一条线连续画出）。线与线之间不能交叉，也不能重复出现。你必须从线团开始画，然后到风筝的正中央结束。

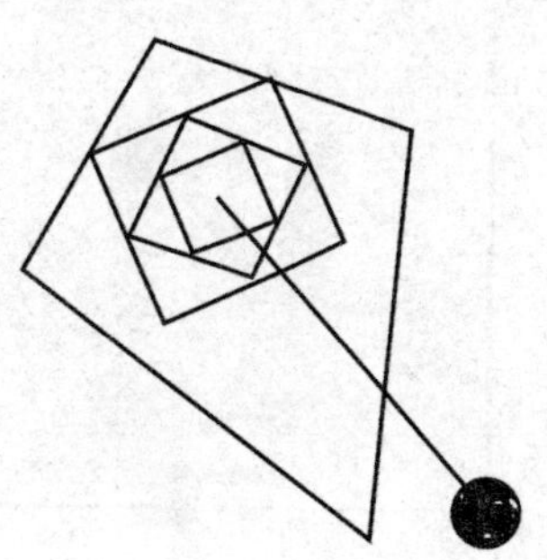

032 把三角形放进正方形

可以放入5个等边三角形（边长为1个单位长度）的最小正方形的边长是多少？

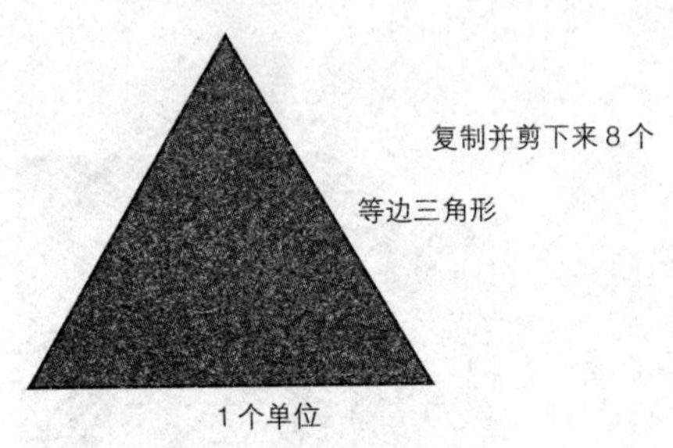

033 棋子

将16枚棋子放入游戏板中，使水平、竖直和斜向上均没有3枚棋子连成直线，你能做到吗？

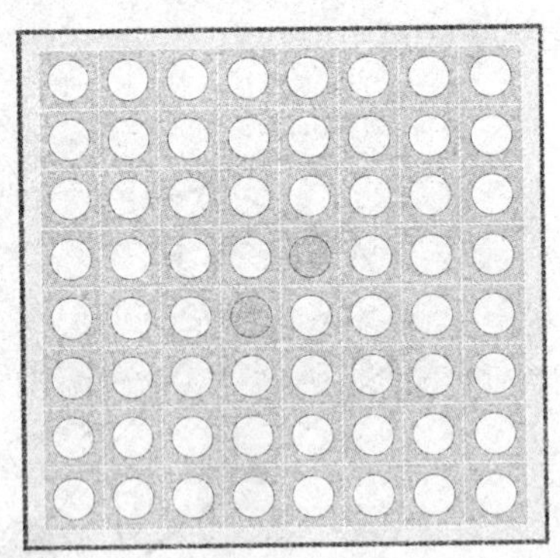

034 双胞离体

将下面的5种图形分别分成形状、大小都相同的双胞图形。

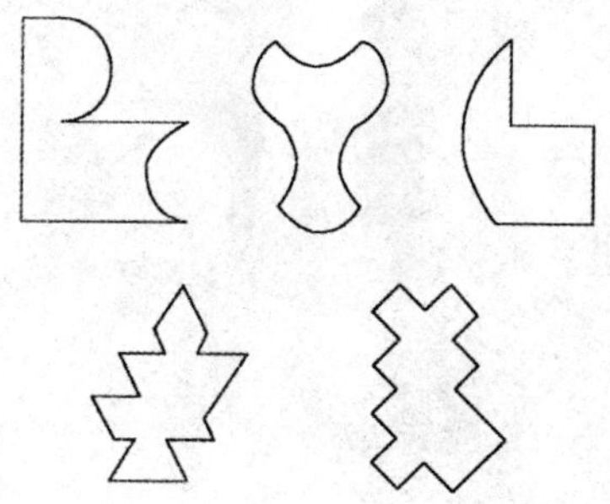

035 看进管子里

这个人是在管子的左边还是右边？

036 对称轴

这5个图案中哪几个图案的对称轴不是8条？

037 有趣的图案

下面这个复杂的图案是有关几何的设计之一。

这个图案是由一个闭合的图形组成的，还是由数个闭合的图形组成的？如果是后一种情况，具体是多少个呢？

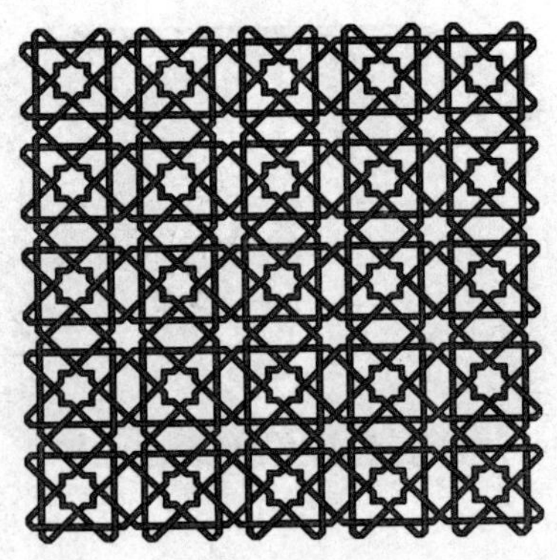

038 不可思议的鸠尾接合

请问你能将下图这个看上去不可能得到的鸠尾接合分开吗？与普通的鸠尾接合不同，这个模型四面都是一样的。

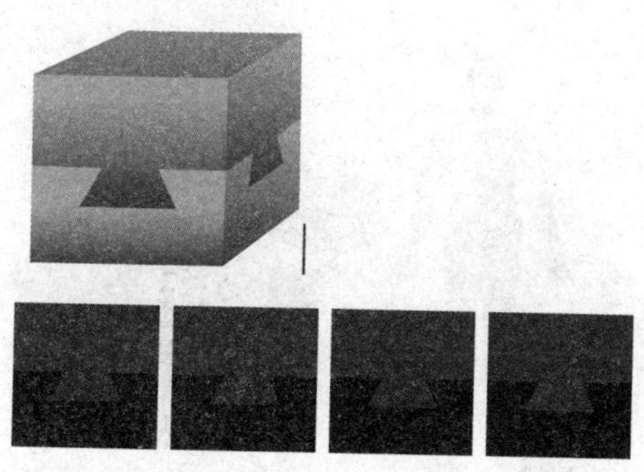

这个鸠尾接合的四面

039 动物园的围栏

这3个围栏的面积相同，请问制作哪个围栏所用的材料最少？

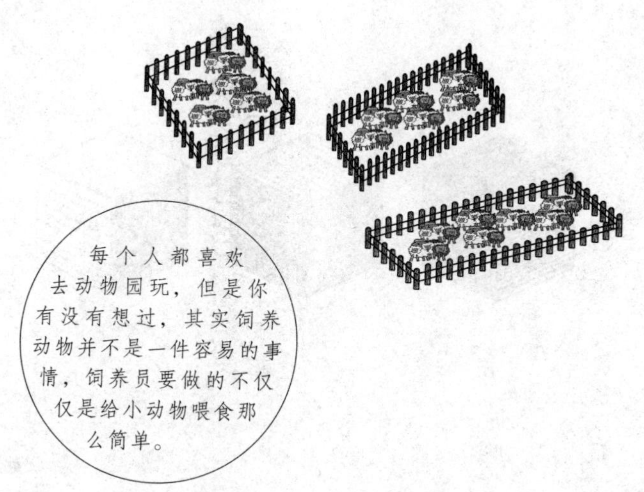

040 增大体积

如果地球上的所有东西的长度都变成原来的2倍（也就是说，所有测量长度的工具都变成原来的2倍），那么你的体重会比原来重多少？

041 视图

下面是一个立方体从三个方向看的视图效果，请问黑面的对面是什么样子的？

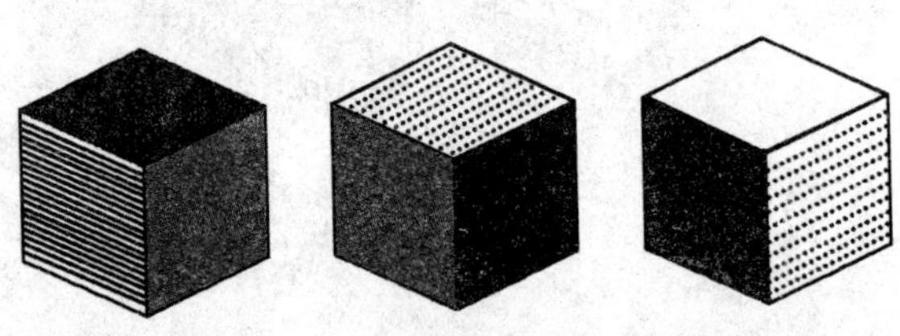

042 胶合板

海勒姆·鲍尔皮尼不仅是当地最好的杂务工人，而且也是一个思维游戏业余爱好者，他的作品都是自己通过切割创作的。梅尔是海勒姆忠实的助手，他买了一块儿胶合板，上面有3个正方形的洞。梅尔向海勒姆提出挑战：把它切成两块儿，并使它们正好可以拼成一个没有洞的矩形。那么，你认为海勒姆会从哪里下手呢？

043 游动的鱼

只能移动3 根火柴（以及眼睛），使图中的鱼向相反方向游动。

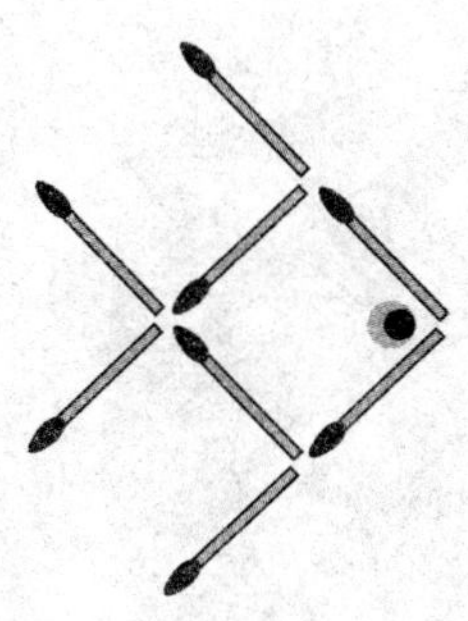

044 隐藏的立方体

问题1：左图的第4个立方体被隐藏在了下层后面的角落部分。将这个物体拿起，从各个角度观察它。你能看出多少不同的立方体的面呢？

问题2：右图的“双L”形由6个立方体所组成。但第6个立方体隐藏在了中间一层后面的角落里。如果你能够从各个角度观察这个形体，你会看到多少个面呢？

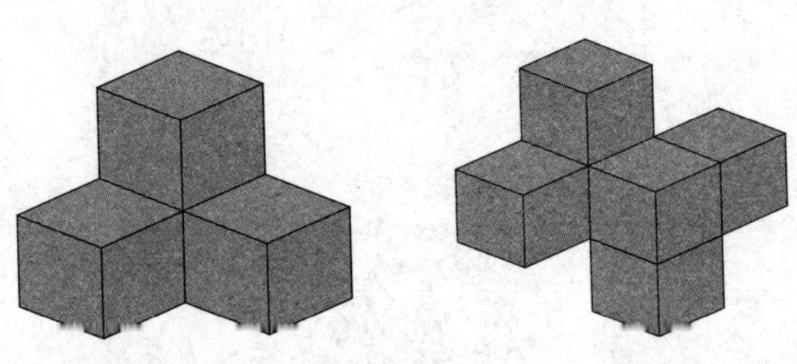

045 隐藏的正五角星

你能在多短的时间里找出隐藏在图中的正五角星呢？

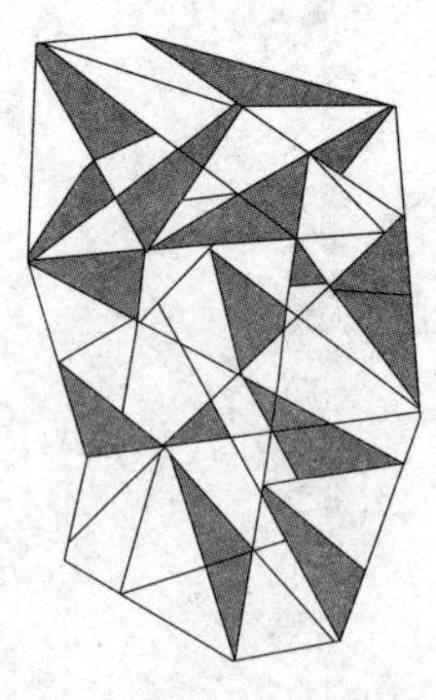

046 圆形拼接

如果你将这些碎片拼成一个圆形，那么圆形内黑色粗线所组成的图形将会是什么样子？

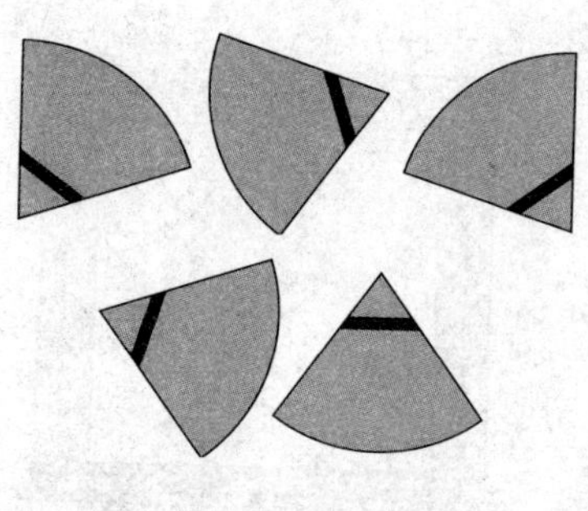

047 火柴正方形

拿掉8根火柴，组成4个（而且只能是4个）同样大小且独立的正方形。

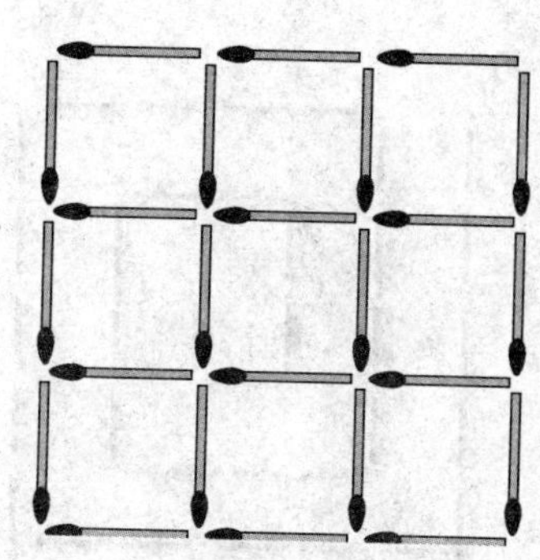

048 油漆窗户

左图是一个商店的窗户，它的高和宽都是2米。这个商店的油漆工想把它的一半面积漆成蓝色，而同时要留出一个无漆的正方形。那么，他是怎么做的呢？

049 彩色铅笔

打开你的绘画盒，拿出35支彩色铅笔，按图中所示摆成回形。现在，移动其中的4支铅笔，组成3个正方形。如果手边没有足够的彩色铅笔，你也可以用牙签或者其他一些合适的物体代替。

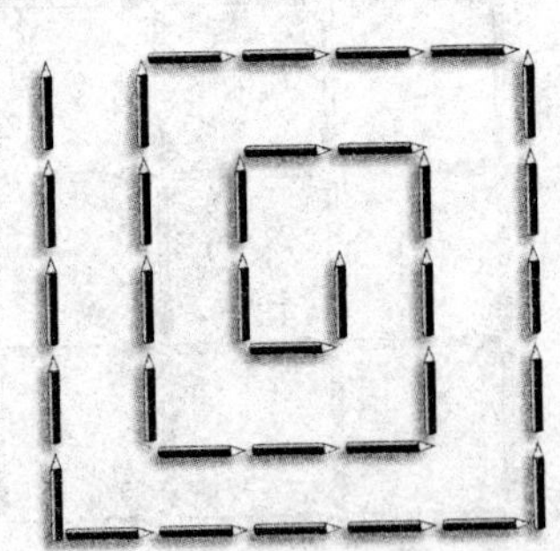

050 地毯

阿布杜是个地毯商，现在他遇到了一个大麻烦。他必须得在太阳落山之前把一个边长为10米的正方形地毯交给一位十分富裕的客户。他在仓库里找出一个长12米宽9米的地毯，他打算用这个地毯来做客户所要的地毯。可是，当他展开这个地毯时，发现有人在中间剪掉了一块，被剪掉的部分长8米宽1米。然而，老练的阿布杜却很快想出一个办法，他把剩下的地毯剪成了两块，然后再缝在一起，这样便做出一整块边长为10米的正方形地毯。那么，他是怎么做的呢？

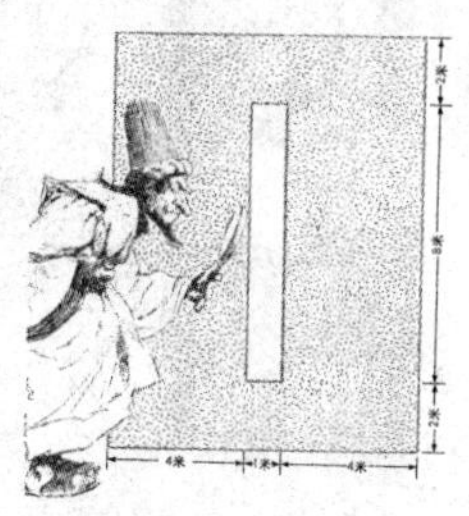

051 凸形还是凹形

右边有6个凸形，3个凹形。当你把这页倒过来时，会出现什么效果呢？

光幻觉是体现视觉和认识之间差别的一个很好的例子。我们的大脑受到混合的外部刺激，并由此创造了感觉，我们对事物的期望是建立在过去经验的基础之上的。

过去的经验告诉我们，光总是从上面投下来的，因此我们看到了凸形和凹形。

052 旋转的窗户

将给出的窗户和鸟复制或剪下来，用胶水粘成上图的样子。在粘之前用一个夹子将小鸟夹在窗户上，如图所示。

将粘好的窗户和小鸟挂在一根绳子上，让它慢慢旋转。然后站得远一点，闭上一只眼睛看这个结构。

几秒钟后你会看到什么呢？你一定会大吃一惊的。

053 画线

阿莫斯·埃德哈根正在自己的吊床上睡午觉，而他这时本应该在沙滩上享受自己的假期。为了解决一个画线题，他在沙子上画了一个上午。他想要一笔画出右侧的图案，每一部分的线条彼此不能交叉。该怎么画？

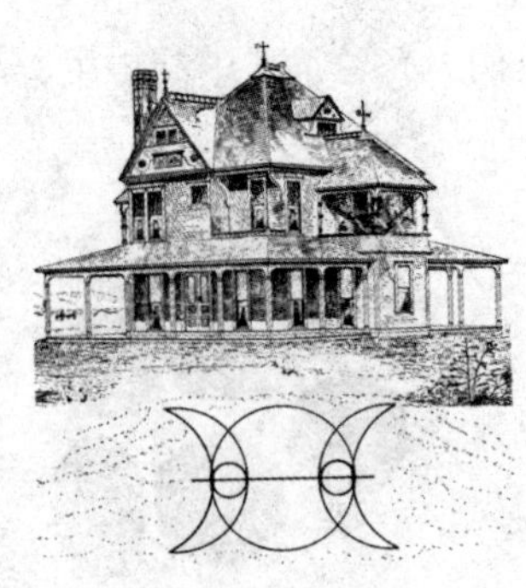

054 有洞的色子立方

20个规则的色子组成了一个大立方体，如图所示。在大立方体每一面的中间都有一个洞。

你能否分别写出这3个我们看得见的洞四面的色子点数？

我们看不见的那3个洞呢？

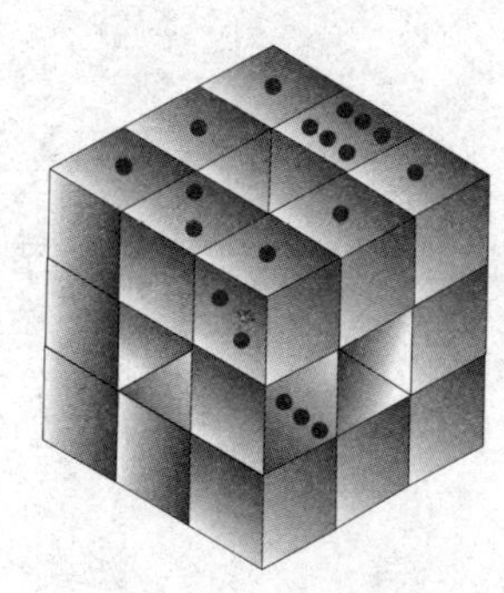

055 不可能的结构

将左边的大图复制并剪下来。

你能否将这个大图折成左上角的立体图？仔细观察右下角的细节图，完成这个结构其实很简单，应该怎么做呢？

注意：不准剪切或者黏合。

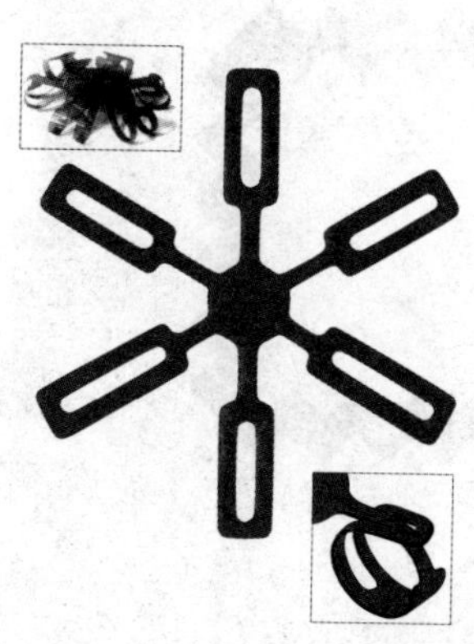

056 狗窝

一只狗——杰姬在向她的朋友炫耀她的新家。我们用10根火柴杆把她家的轮廓拼了出来，她的朋友很喜欢她的新家，只是觉得它应该转90度，这样它就可以面对路这边了。那么，你能否将两根火柴移到别的位置使她的家面对路呢？

057 锯齿状的五格拼板

这里有一个锯齿状的游戏板，你能否将12个五格拼板全部放进该游戏板里面去（每个游戏板上最后会留有一个空格）？

058 想象正方形

将一张正方形的纸进行折叠，然后如图所示，在完成折叠的最后一个步骤之后，用剪刀剪下所折成图形的一角。如果将纸张打开，所得到的正方形将会与哪一个选项类似呢？

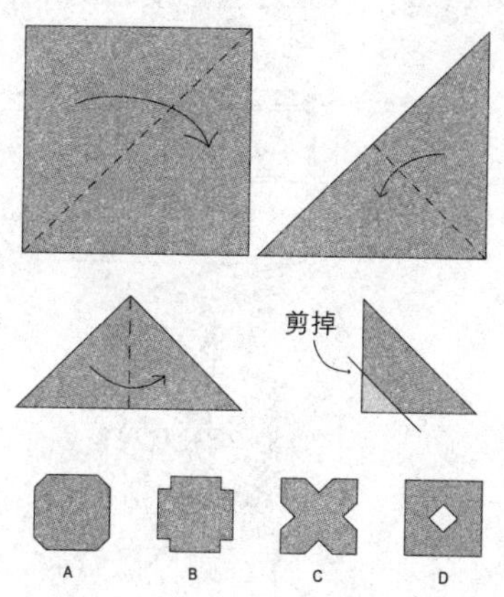

059 最少的五格拼板

在一个8 × 8的表格中，最少放入多少个五格拼板之后，就不能再放入其他的五格拼板了？

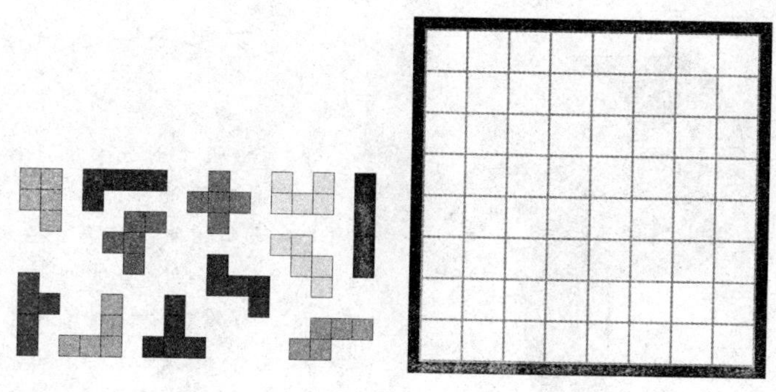

060 钉子

年迈的查理·克罗斯卡特·卡拉威是当地木场的地方长官，他早上刮脸的时候遇到了一个麻烦。仓库里男孩子跟他打赌，说他不可能将如图所示的构造中的4根钉子移到别的地方使原来的5个正方形变成6个。那么，你来试试，看能否把答案想出来。

061 曲面镜

如图所示，男孩看左边的凸面镜发现自己是上下颠倒的。然后将镜子翻转90°。这时候男孩看到的自己是什么样子的呢？

062 活儿

有一天，老木匠海勒姆·鲍尔皮尼在木场把所有人都给难住了。他拿出来一块儿不规则的胶合板，然后向工厂工人提出了挑战，看谁能把它切成3块并把它们拼成一个边长为1米的正方形。

063 转角镜

如图所示，一个男孩分别从1面平面镜和2面以90°角相接的镜子中观察自己。

男孩的脸在2种镜子中所成的像是一样的吗？

064 线条组成的圆

图中由一系列线条组成的圆是同心圆还是弯曲的圆呢？

065 分割牧场

农场主给儿子出了一道题：在一片大的牧场上对称地竖立起8道笔直的栅栏，把它分割成5块小的牧场，使每块牧场都畜养2头牛、3头猪和4只羊。农场主的儿子应该怎样做呢？

066 飞去来器

如图，6个半径为1的半圆组成了图中这个形状像飞去来器的图形。

你能计算出该图形的面积吗？

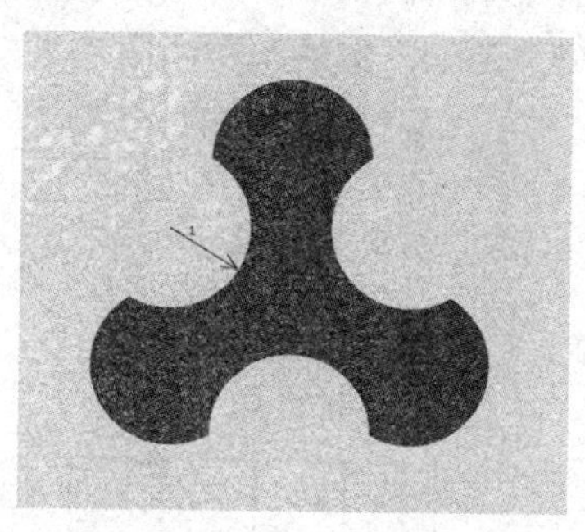

067 雪橇

下次当你外出滑雪时，如果你想在温暖的临时营地赢得一块儿热巧克力的话，这里有一个万全之策。跟你的朋友打赌，说他们不可能把6个滑雪橇组成8个完整的三角形。如果你没有外出滑雪，你也可以用汽水吸管来完成。

068 房产规划

西德尼是当地的一个建筑商，他把一块长方形的土地分成了8块儿建筑用地，并打算在每块儿地上建造一间房子。按他的计划，每一块儿土地的大小、形状都要一样。西德尼遇到的问题是有人把每块儿地上的边界碑偷走了，而且房产规划图也丢失了。他在猜测是谁做了如此卑鄙的事情。那么，你能帮助西德尼重新划定各块儿土地的边界线吗（图中的H表示每间房子所在的位置）？

069 三角形与三角形

把这4个图形每种各复制3份，共可得到12个三角形。问：怎么摆放才能使这12个三角形能够正好填满空白的三角形？

在解决有关图案的难题时，创造性思维显得尤其重要，它引导我们看清不同符号之间的关联，并把它们放入恰当的位置。这种思考本身是一件特别有趣的事情。

070 设计图

左边的那个艺术家遇到了一大堆麻烦。他画的那个五角星上有5条直线路和10个金字塔，每条路上各有4个金字塔，每一个金字塔都可以直接通往沙漠。虽然这个设计图也符合法老所要求的5条直线路、每条路上各有4个金字塔，但是除此之外，他还要求设计图内要有两个金字塔，这样，任何一个从沙漠来的人只有通过外线的一条路才能进入金字塔内。那么，他应该设计什么样的设计图呢？

071 最短的六边形

如图所示，这6个点是一个正六边形的6个顶点，问怎样连接这6个顶点才能使线段总长度最短？

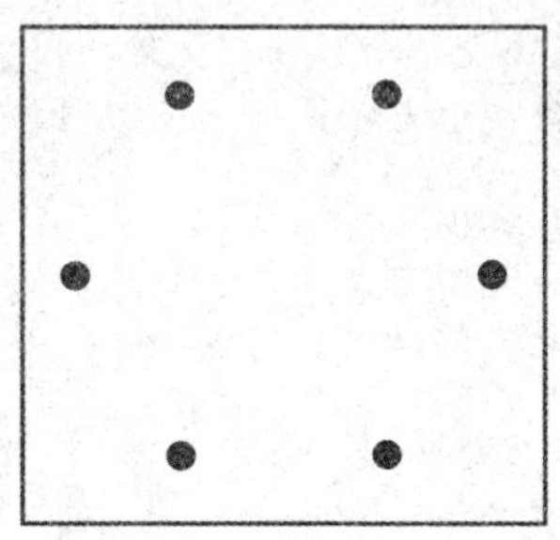

072 果园

已过世的著名农学家法莫尔·布朗曾留下话，他要把他的财产平分给自己的4个儿子。他特别指明：他那个种有12棵珍贵果树的果园应分成大小、形状相同的4份，每份包括3棵树。那么，4个儿子应该如何按照父亲的遗愿用栅栏将果园隔开呢？

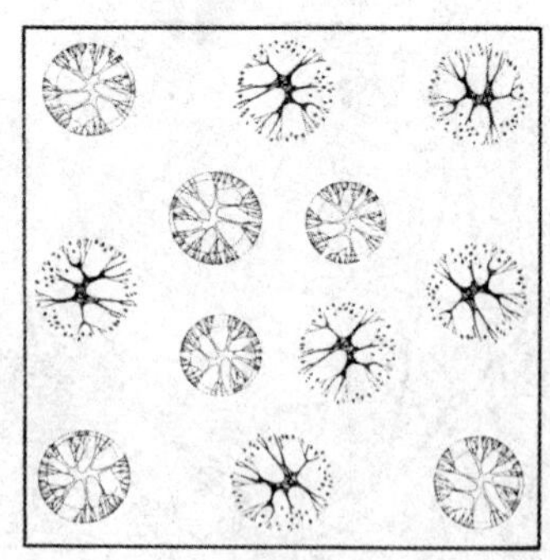

073 分开链条

在收拾一盒链子时，珠宝匠发现了如图所示的3根相连的链条，并决定把这链条分开。经过观察，珠宝匠找到了只需打开1根链子就能分开整个链条的方法。你找出来了吗？

074 黑白正方形

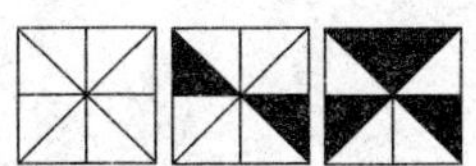

如上图所示，一个正方形被分成相等的8个区。

如果正方形8个区中的2个区被涂上了颜色，我们称该正方形为“1/4上色正方形”；如果正方形8个区中的4个区被涂上了颜色，我们称之为“1/2上色正方形”。

请问通过不同的涂色方法分别可以得到多少个“1/4上色正方形”和“1/2上色正方形”？图形的映像和旋转不算作新的图形。

1. 你能够画出6个不同的“1/4上色正方形”吗？

2. 你能够画出13个不同的“1/2上色正方形”吗？

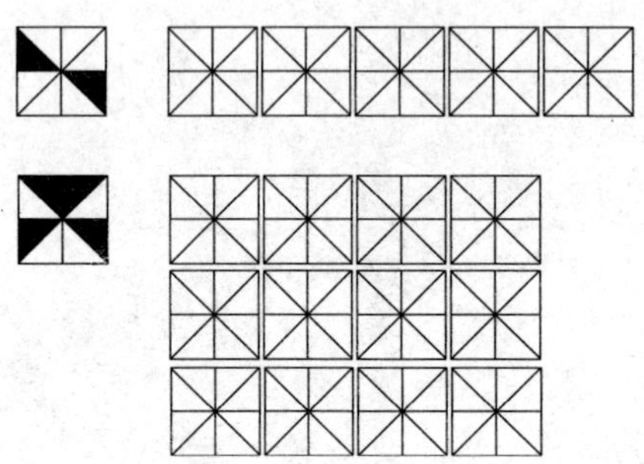

075 第12根木棍

木棍摆成如图所示的图案，按怎样的顺序将它们拿开才能最终“解放”第12根棍子？记住：每根木棍被拿掉时上面不能压着别的木棍。

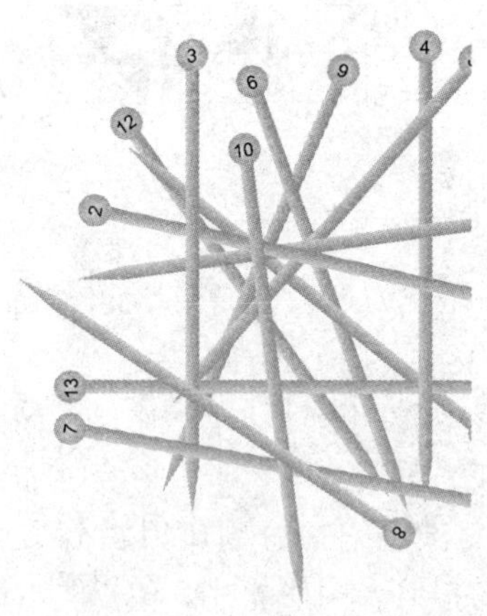

076 有几个结

如图所示，如果这2只狗朝着相反的方向拉这根绳子，绳子将会被拉直。

问拉直后的绳子上面有没有结，如果有的话，有几个？

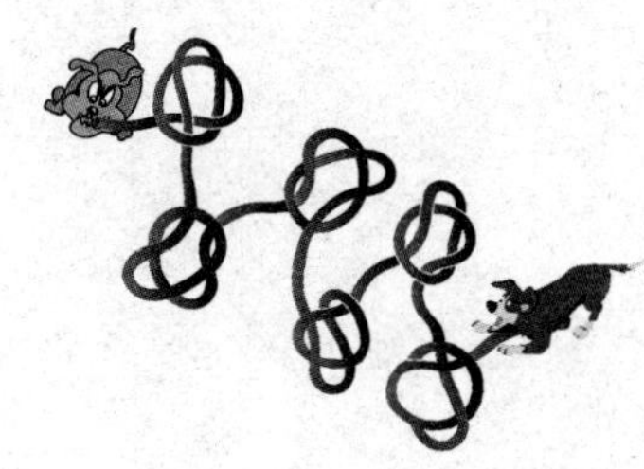

第二章

想象力

001 完美六边形

如果将直线部分连接起来的话，能形成1个完美的六边形吗？

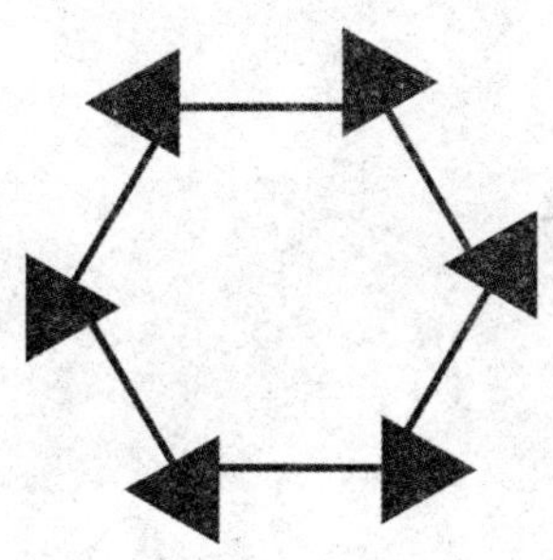

002 重力降落

如果你从北极打一个洞一直通到南极，然后让一个很重的球从这个洞里落下去，会发生什么（忽视摩擦力和空气阻力）？

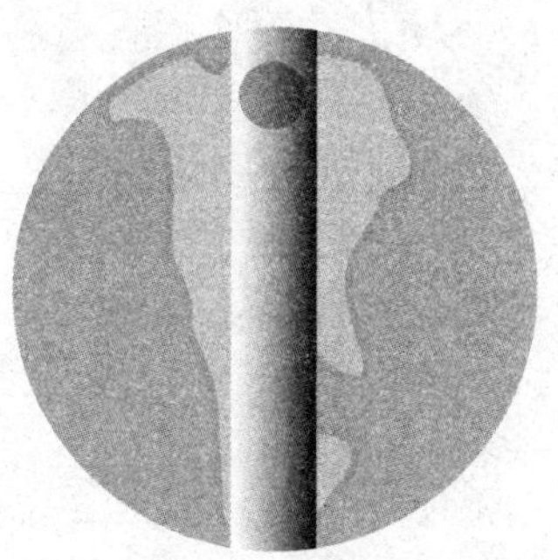

003 迷路的企鹅

不横过这些道路，你能让企鹅都回到它们自己的家吗？

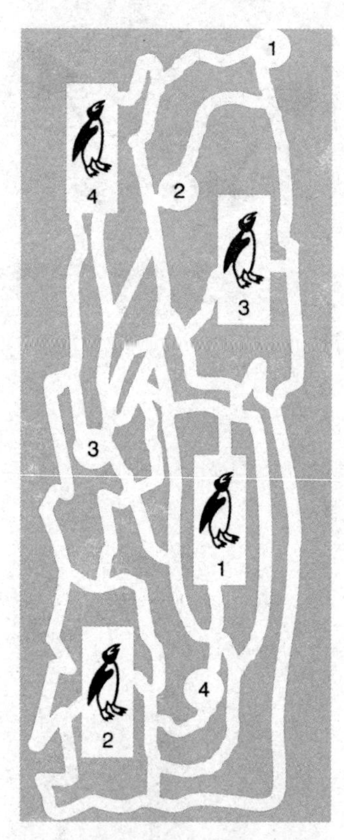

004 折叠纸片

将这幅图复印或者临摹下来，沿着虚线折叠，要求数字按正确顺序排列（即1，2，3，4，5，6，7，8），一个压着一个，“1”排最前，“8”排最后。数字朝上、朝下或在纸的下面都可以。

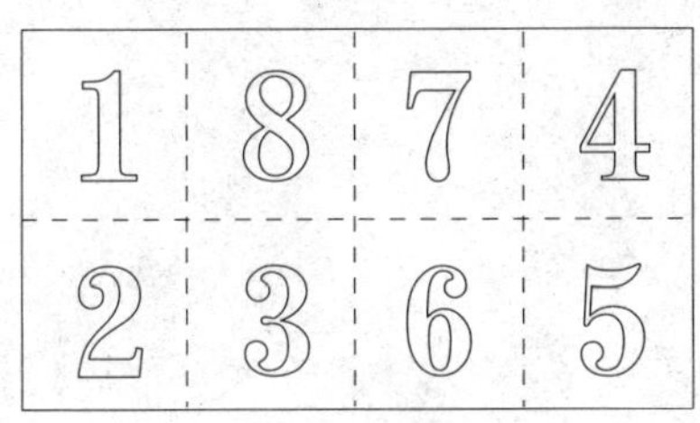

005 轮子

下图所示的这组轮子通过驱动带连在一起。如果左上角的轮子顺时针方向旋转，那么所有的轮子都能自由转动吗？你知道其中的原理吗？

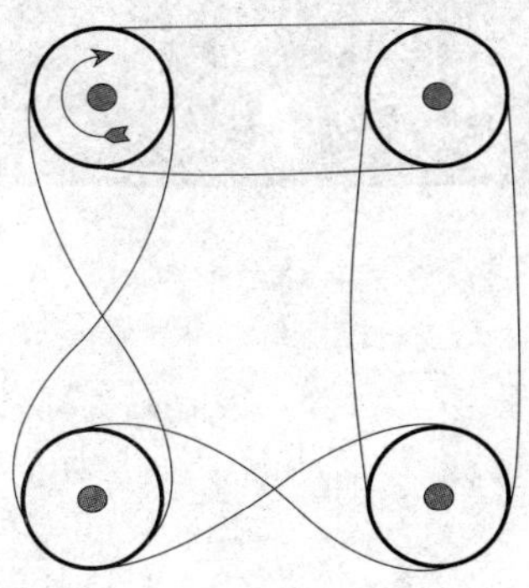

006 楼号

街道上的大厦从1开始按顺序编号，直到街尾，然后从对面街上的大厦开始往回继续编号，到编号为1的大厦对面结束。每栋大厦都与对面的大厦恰好相对。

若编号为121的大厦在编号为294的大厦对面，这条街两边共有多少栋大厦？

007 7张纸条

准备7张纸条，写下数字1~7，按照如图所示排列。现在，将其中的6张每张剪一下，重新排列时，还是7行7列，且每行、每列和每条对角线上的数字总和为同一个数。很难哦！

1 2 3 4 5 6 7

1 2 3 4 5 6 7

1 2 3 4 5 6 7

1 2 3 4 5 6 7

1 2 3 4 5 6 7

1 2 3 4 5 6 7

1 2 3 4 5 6 7

008 分出8个三角形

拿一张纸，在上面描绘出这个八边形。然后想一想怎样将这个图形分成8个相同的三角形，同时这些三角形还必须能组成1个星形。组成的星形要有8个尖，中间还有1个八角形的孔。

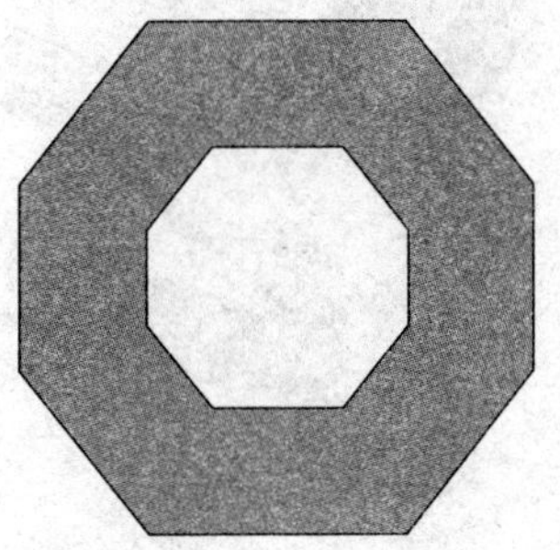

009 有链条的正方形

你要做的就是把这些图片组成1个正方形，且链条不允许中断。

010 吉他弦

如图所示，一根吉他弦两端分别固定在1和7两处，从1~7每两点之间的距离相等。

在4，5，6处，分别放上3个折叠的小纸片。

用手捏住琴弦的3处，然后拨动2处。

纸片会有什么反应？

011 剪纸

根据爱因斯坦的理论，在某些地方，两点之间最短的距离并不是直线！思考一下这样的场景：在太空中，巨大物体的重力场具有相当的强度，而且达到了足以使得这片空间变得歪曲的程度。在这种空间维度已经变得弯曲的环境中，原本由直线所表现出的概念也会发生变化，转而去适应这扭曲空间的框架结构。那么你的思维也随之转向了吗？

下边的图形由一张纸构成，纸上没有哪部分进行过移动或是重新被贴回到适当的位置。你能用剪刀剪几下就做出这个图形来吗？你会找到乐趣的！

012 改变陶土块

你能想象出三维空间的样子吗？如果可以的话，那就试着想象出一块被制成正立方体形状的坚固陶土块。你想象出来了吗？很好。现在，我们用塑形刀将这个陶土块进行改变。那么怎样才能只切一刀就制造出如图所示的六边形呢？

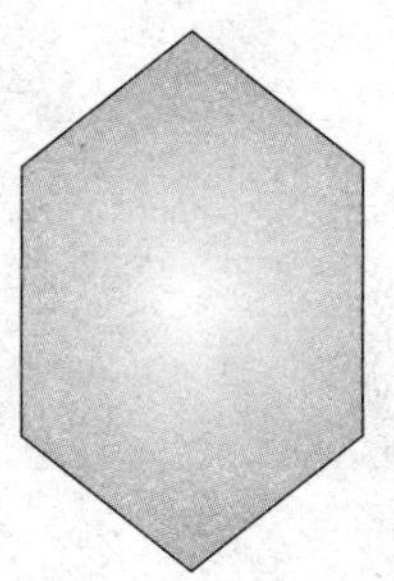

013 三角形三重唱

这些纠结的线里面隐藏有三幅画。要找出它们，你得把所有三角形涂上颜色。完成以后，分辨出这三幅画，并且试着找出它们名字的共同点。

014 裹尸布明星

这两个木乃伊本不应该缠在一起的，但是有一条纱布把它们缠在了一起。所有其他纱布虽然相互之间穿过但是并不相连。你能把唯一那条把两个木乃伊连在一起的纱布找出来吗？

015 灌铅色子

怎样才能迅速地辨别灌铅色子呢？

016 服务员

克拉姆兹·卡拉汉是巴伐利亚花园餐厅里行走最快也是最邋遢的服务员，正是由于他快如飓风的步伐，他总是把客人的衣服弄脏。恶有恶报，一天，一位愤慨的顾客只给了卡拉汉1角钱的小费，并说："你把我的衣服给毁了，我就给你1角钱的小费。但是，如果你能够在不接触桌子、盘子以及硬币的情况下把硬币拿开，我就赏你25元的小费。"然而，克拉姆兹却没能解决。那么，你呢？

017 啤酒搅拌器

沃尔夫冈的豪斯啤酒店里最聪明的服务员是阿达尔伯特孪生兄弟——艾克和迈克，除了端送啤酒和土豆，他们还用一些思维游戏招待喝酒的客人。这个啤酒搅拌器游戏展示的是一个由罗马数字组成的等式。这个等式是错误的，但是如果你只移动其中的一个搅拌器，将它放到另外一个地方，那么这个等式就是对的。请你试试，看能否成功过关。

018 土地裂缝

如图所示的是一块泥地，泥地上有很多裂缝，只用眼睛看，你能够说出这众多裂缝中哪一条是最先出现的吗？

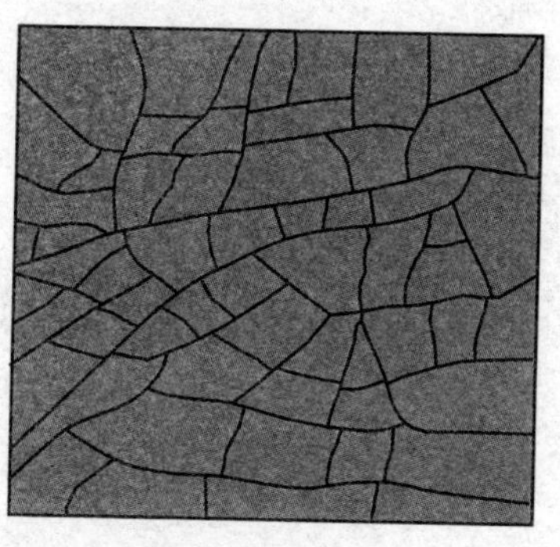

019 1吨重的摆

图中是一个非常结实的重达1吨的摆，然而这个男孩只用一块小小的磁铁就让这个摆开始摆动。你知道他是怎么做到的吗?

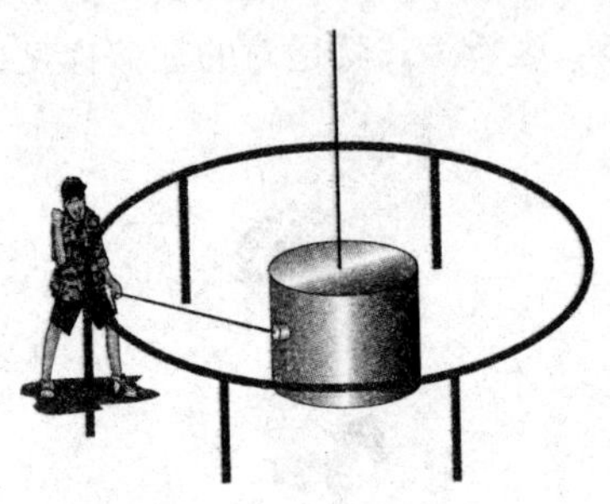

020 折叠报纸

将一张报纸对折，你认为最多可以连续对折多少次?

5次？8次？还是更多?

亲自动手试试!

021 硬币

按照图中的样子在桌上放12枚硬币，6枚硬币正面（H）朝上、6枚硬币背面（T）朝上。注意，在这4行硬币当中，每行都同时包括正面硬币和背面硬币。现在，请移动其中的一枚硬币使水平方向的4行硬币或者全部是正面或者全部是背面。

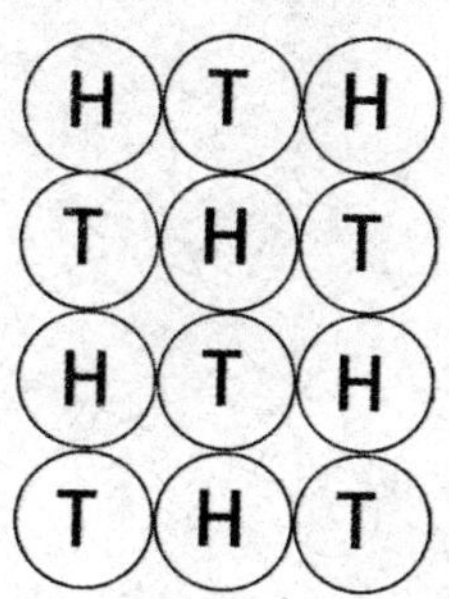

022 倒三角形

如图所示，每1块积木上面有2块积木。问这样的结构可以搭多高都不倒塌？

023 调换

这纯粹是一个“换位置”的题。将3个白色的棋子分别放在1、2、3号位，3个黑色棋子分别放在10、11、12号位。你只能通过22步将它们的位置互换。每个颜色的棋子轮流沿着直线从一个圆圈移动到另一个圆圈。任何一个棋子都不可以放在对方棋子下一步可以移动到的圆圈内；每一个棋子只能在它所在的圆圈内停留一次。

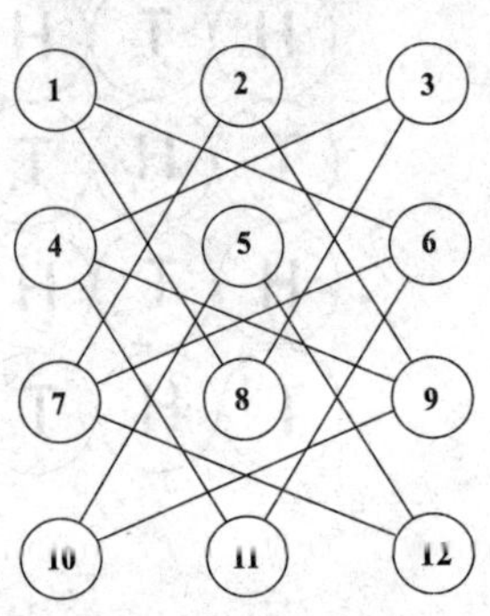

024 T时代

你可以把这4个图形拼成一个完整的大写字母T吗？

025 把5个正方形拼起来

将5个边长为1个单位的正方形拼入一个正方形，此正方形的边长是2.828个单位。你可以把这5个小正方形重新拼入一个如图所示的小一点的正方形吗？

026 警察

在世纪之交，奥拉夫·安德森成为一名小城市的警察。他的任务是在这个城市的 6 个正方形街区巡逻。作为一个尽职尽责的警察，他希望在巡逻时找出一条可以一次把所有街区都巡视完的路线。答案中已经给出了他所制定的路线，我们认为那可能是最好的路线。但是，或许也有一条更便捷的路线，所以在查看答案之前请你来试一试。

027 分巧克力

要把这块巧克力分成64块相同的部分，你最少需要切几次？

注意：你可以把已经切好的部分放在没有切的巧克力上面。

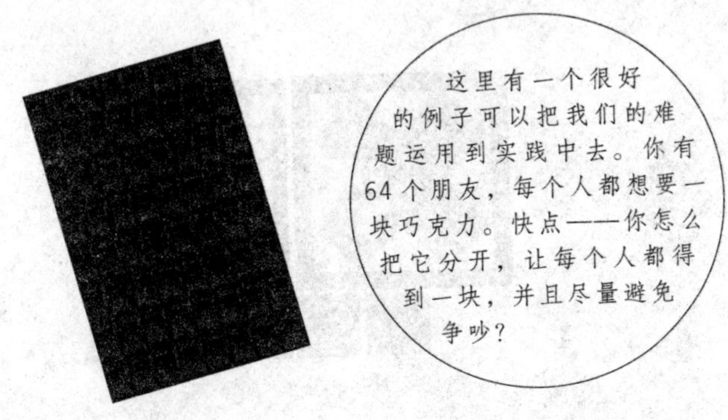

028 警察

在世纪之交，奥拉夫·安德森成为一名小城市的警察。他的任务是在这个城市的6个正方形街区巡逻。作为一个尽职尽责的警察，他希望在巡逻时找出一条可以一次把所有街区都巡视完的路线。答案中已经给出了他所制定的路线，我们认为那可能是最好的路线。但是，或许也有一条更便捷的路线，所以在查看答案之前请你来试一试。

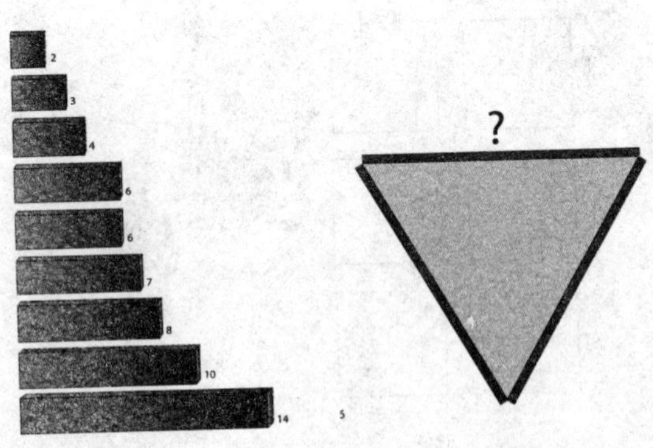

029 三角形七巧板

把一个正三角形分割成6个三角形，它们的角度分别是30°、60°、90°。我们就得到一组图形，它们可以被拼成大量的图形。

你可以拼出下面的3个轮廓，并且继续发明一些图形和题目吗？

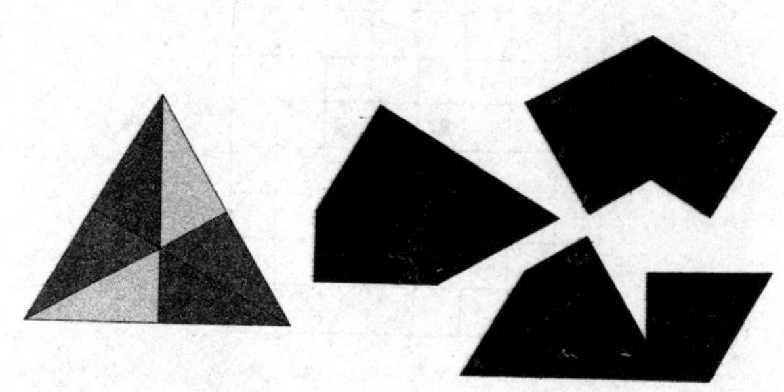

030 射击

慈善盛宴正在举行，巴尼·布朗德巴斯想在长廊上进行的射击比赛中赢得奖品。射击 3 次需要支付 10 元；如果击倒的 3 只鸟上的数字相加正好等于 50，那么，将赢得 1 只喂饱了的短吻鳄。但是，巴尼却把钱输光了。那么，你有没有兴趣试试呢？

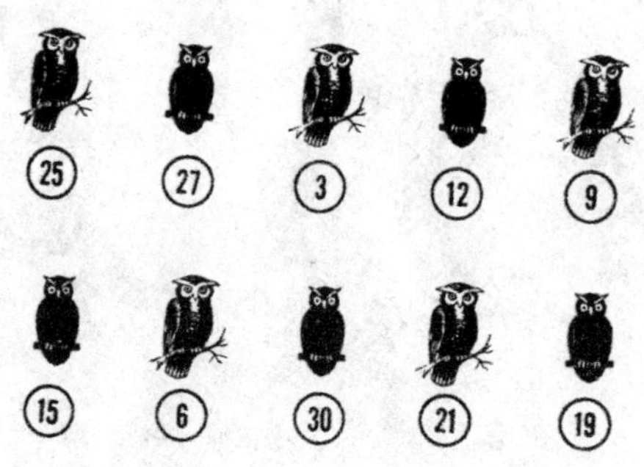

031 贪玩的蜗牛

一只蜗牛掉进了棋盒，它想走完所有的格子回到原点，但它每次只能“上下”或“左右”移动一格，不能跳动。它要怎样走呢？

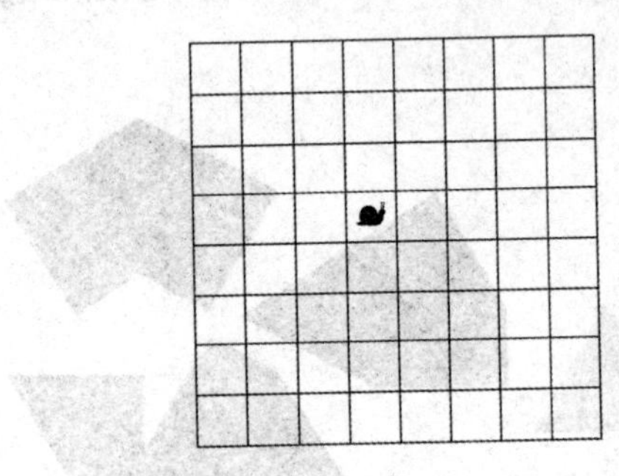

032 运动空间

下图中的每一个孩子都在做运动，但是，他们的运动器材却并没有画出来。请仔细观察他们的姿势，你能说出这些分别是什么运动吗？你可以选择参考右下角列出的词，当然，如果想要增加挑战性，也可以不看这些词，自己想出来。

033 筹码

下次如果你碰到纸牌游戏并为此提心吊胆时，不妨用这个题使你紧张的神经放松下来。按照右图的样子，画一个有 16 个方格的棋盘，然后，将 10 个扑克筹码放在棋盘上的 10 个方格内。你的任务是将它们分布在最多行列内，并使每行的筹码个数为偶数。你可以将这些筹码水平、垂直或者沿斜线分布在行列之内。

034 蜂巢迷宫

你能否找到穿过这个蜂巢的最短路线？

035 数字游戏板

如图所示，把数字1 ~ 4，1 ~ 9，1 ~ 16，1 ~ 25分别放进4个游戏板中，使每个圆中的数字都大于其右侧与正下方相邻的数字，你能做到吗？

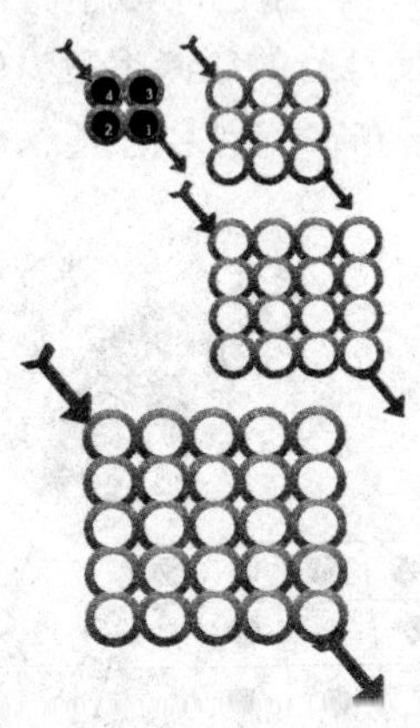

036 猫和老鼠

请你在右边的游戏界面上放 4 只猫和 4 只老鼠，每只猫都看不见老鼠，同样老鼠也都看不见猫。（猫和老鼠都只能看见横向、纵向和斜向直线上的物体。）

每个绿色的格子里只能放1只猫或者1只老鼠。

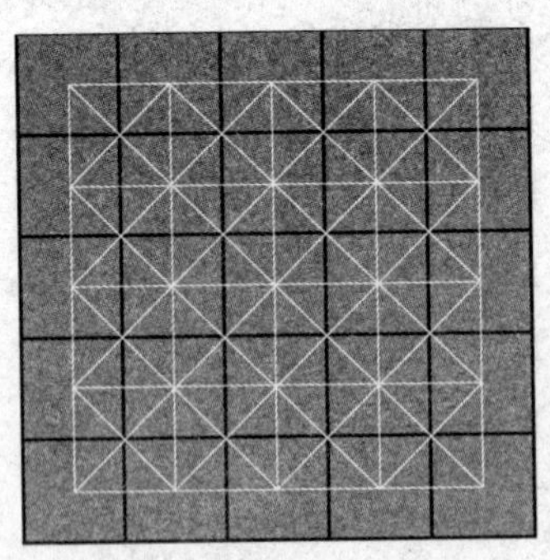

037 迷岛

可怜的漂流者被困在了迷岛，从这里找到出去的路相当不容易。请从漂流者所在的岛开始，从岛上选择任意一样物体（除了棕榈树以外），找到别的岛上跟它相同的物体，并跳到那个岛上。然后选择新岛上的另一件物体，并找到别处跟它一样的物体。如此反复，一直到达右下角的木船处……要注意路上的死角！

038 撞球

波齐兹·普兰德加斯特是闲暇时刻台球社团的经理，他总是千方百计地赚取顾客的钱。图中所示的就是他使用的伎俩之一。他将8个撞球排成一条直线，一个彩色目标球和一个白色主球交替放置。他打赌说你在 4 步之内不可能使直线上的4个白色球移动到左边、使4个花球移动到右边。每次移动时，你必须将任意相邻的两个球移动到直线上的其他位置。那么，让我们看看你能否在波齐兹连续将所有的球都打入袋中之前把这个难题解答出来。

039 拼接三角形

如图所示，有6根长度分别为3，4，5，6，7，8的不同颜色的木棍，请问用这些木棍可以拼出多少个三角形？

040 瓶塞

“玻璃杯”题中所使用的瓶塞现在又掉进斯迈德维奇女士的玻璃杯里。一般情况下，瓶塞不会停留在杯内水的中央，相反，它会慢慢漂到玻璃杯的一侧，并且停在那里。然而，却有一个简单的方法可以使瓶塞停留在玻璃杯的中央（使水旋转不算答案）。

041 多边形变星形

按照下面的规律可以把多边形变成不规则的星形：

从多边形的任何一个顶点出发，将这个顶点与另外任一顶点相连，再与下一个顶点相连，直到连接所有的顶点，然后再回到出发的那个顶点。这样可以形成一个对称的图形，如上图。

可以用来画星形的线段用红色线段标注出来了。三角形是唯一一个不能在里面画出星形的多边形；而其他的多边形都有可能按照这一规律画出各种不同的星形。比如，正方形就有两种画法，而五边形的画法就更多。

不考虑图形的旋转和映像。

问：按照上面所讲的这一规律，正五边形可以形成多少个对称的星形？

提示：正五边形一共可以形成3个星形，上图已经画出了其中一个，请问你能否画出另外两个？

星形跟所有其他的图形一样，可以是规则的，也可以是不规则的。我们总是把天上的星星想象成是规则的，甚至是完美的，然而事实上它们的形状和大小常常是不规则的。

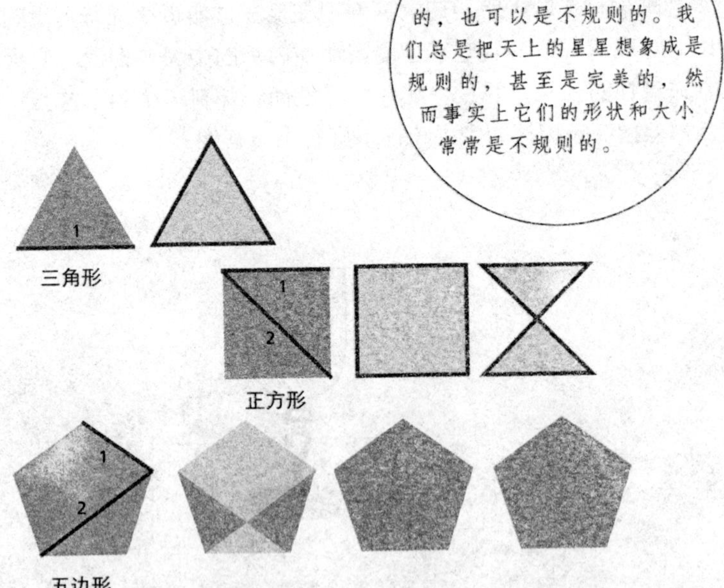

042 青蛙和王子

一个4 × 4的游戏板上随机放了16个双面方块。这些方块一面是青蛙，一面是王子。

这个游戏的目标就是使所有的方块都显示为同一面，即要么全部是青蛙，要么全部是王子。

翻动方块时要遵循一个简单的规则：每一次必须翻动一整横行、竖行或者斜行的方块（斜行也可以是很短的，比如游戏板一角的一个方块也可算作一个斜行）。

已经给出了两个游戏板，请问它们都可解吗？有没有简单的方法来确定一种结构是不是可解的呢？

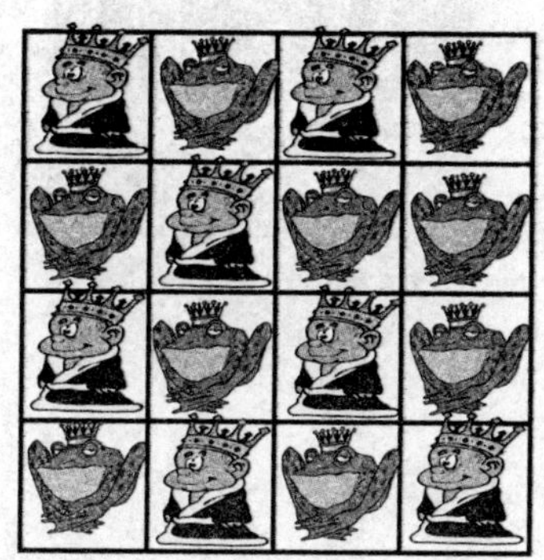

题 1

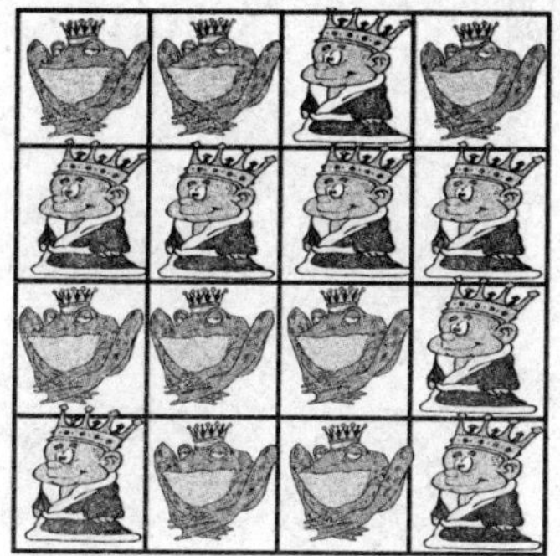

题 2

043 酒店的门

酒店的10扇门都关着，它们分别被标上1～10这10个序号。

一个清洁工走过来，将所有序号能被2整除的门都打开。

一个修理工走过来，将所有序号能被3整除的门打开或者关上（如果门是关着的就把它打开，如果门是打开的就把它关上）。

一个服务生走过来，将所有序号能被4整除的门都打开或关上。依此类推，直到所有门的状态都不能再被改变为止。

最后哪几扇门是关着的？

044 拼整圆

4幅图中只有2幅能够恰好拼成一个整圆，是哪两幅呢？

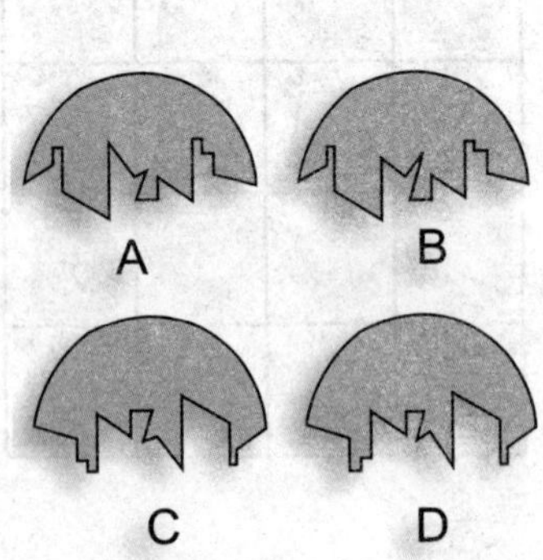

045 加法

熊爸爸好像被它在佩尔特维利报上看到的一个思维游戏难住了。趁它还没有被烦透，我们来看看这个思维游戏吧:

一行数字相加之后正好等于45。那么，你能否将其中一个加号改为乘号，使这行数字相加的值变成100呢？

046 数一数

请你数出图中有多少个点，你需要多少时间？

你能在30秒之内完成这个任务吗？

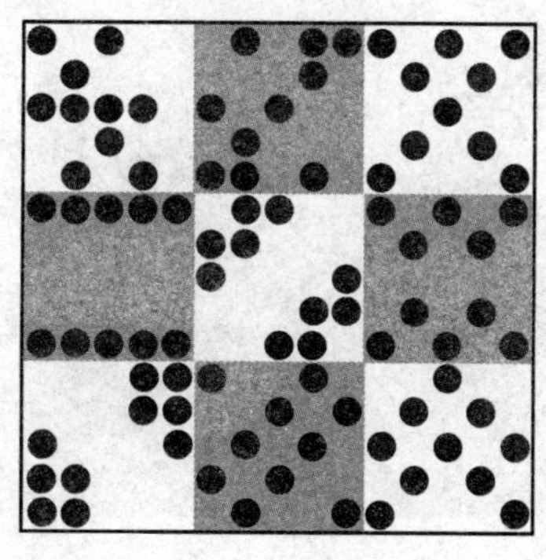

047 组合正方形

图形中有 3 个组合在一起正好可以组成一个正方形，是哪3个？

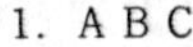

1. A B C
2. B D E
3. B C D
4. A D E
5. A C D

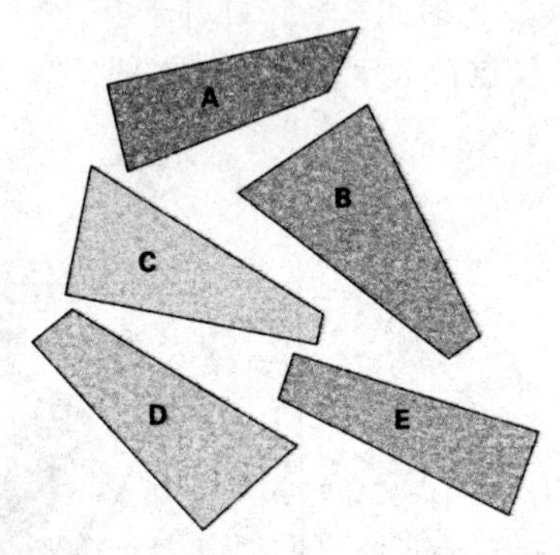

048 打喷嚏

人们在打喷嚏的时候通常会把眼睛闭上半秒钟。想象一下，如果你正在以每小时65千米的速度驾驶时突然打了一个喷嚏，这时你前面大约10米处的一辆汽车为避免撞到一只横穿马路的猫突然刹车。

当你睁开眼睛准备刹车时，你的车已经行驶了多远？

这场事故可以避免吗？

049 遛狗

9个女孩每天都带着她们各自的宠物狗出去散步。她们每次分3组，每组3个人，4天之中，她们中的任意2个女孩都只有一次被分到同一组。请问应该怎样给她们分组呢？

050 瓶子

把一个空瓶子垂直放在桌子上。然后，剪一个2厘米宽、30厘米长的纸带，按照如图的样子将纸带放在瓶口。在纸带下瓶口处放4枚硬币：先放1枚1元硬币，然后是1枚5角硬币，接着是 2 枚1角硬币。现在，大家来试试在保持硬币平衡的情况下把纸带移走。大家在进行游戏时，既不能接触硬币也不能触摸瓶子，唯一可以接触的就是纸带。

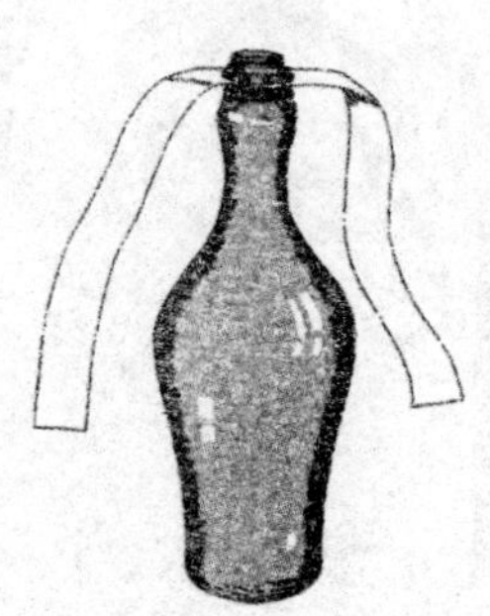

051 数独

在每个格子里填上数字1～9，使得每一横行、每一竖行，以及每个3×3的小方框中这9 个数字分别出现一次。

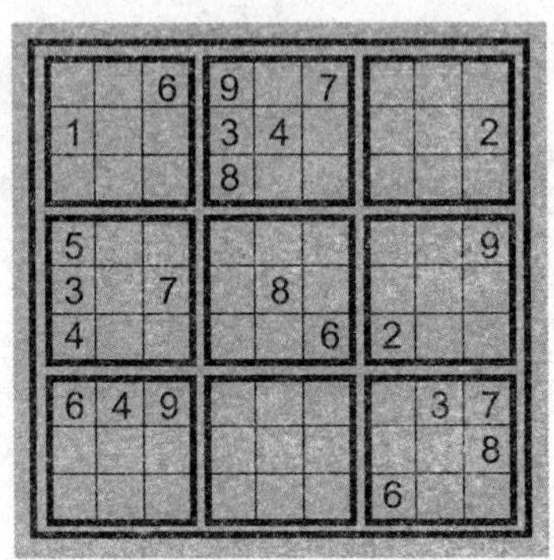

		6	9		7			
1			3	4				2
			8					
5								9
3		7		8				
4					6	2		
6	4	9					3	7
								8
						6		

052 拇指结

有3个相交之处的拇指结是最简单的结（如图所示），它也是其他很多种复杂的结的基础。

在我们的题目中，拇指结绳子的末端在绳子上再次绕了两下。请问：现在拉一下绳子的末端，这个结会被打开吗？

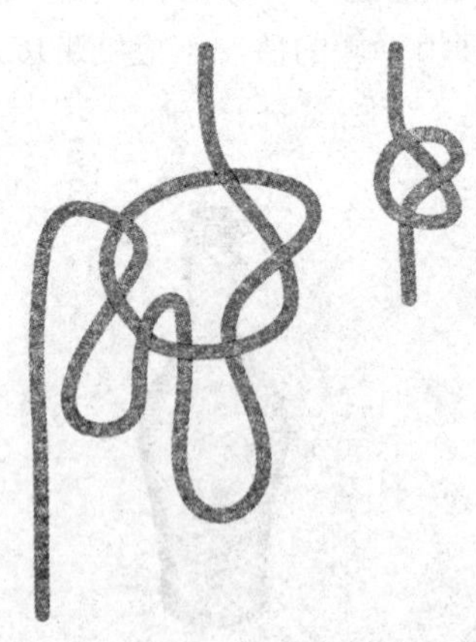

053 数学题

普里西拉·孙珊女士今天是我们的代课老师，可得当心啊。

“同学们，我上次站在这里已是好几个星期之前了，这样吧，我给大家出一道题。大家需要把黑板上的这8个数字分成两组，每组各有4个数字，将每组的 4 个数字排列组合成 2 个数并相加，而两组相加后的结果必须一致。谁能把这个题解答出来呢？”

054 动物园

沃尔特·斯奈尔特拉普是当地动物园里的公园管理员，他在为一群动物划分界线时遇到了麻烦，可以说都怪狮子不安分守己。斯奈尔特拉普把9只动物混合圈在一个正方形围栏里。可是，没过多久，狮子开始咬骆驼，而大象却把狮子踩了，这让大家很是不悦。于是，斯奈尔特拉普决定把每只动物分别圈在各自的围栏里。他只在大围栏里建了两个围栏就把所有的动物各自分开了。你知道他是如何修建围栏的吗？

055 赛车

著名的佛塔纳兄弟是单轮脚踏车赛的冠军，他们总是在4个长为1/3千米的圆形轨道上进行赛前练习。兄弟 4 人从中午开始每人沿着一个轨道进行骑车练习，他们各自的速度分别为6千米/小时、9千米/小时、12千米/小时以及15千米/小时。直到他们第 4 次在圆圈中央相遇时才停下来。那么，他们需要骑多长时间呢？

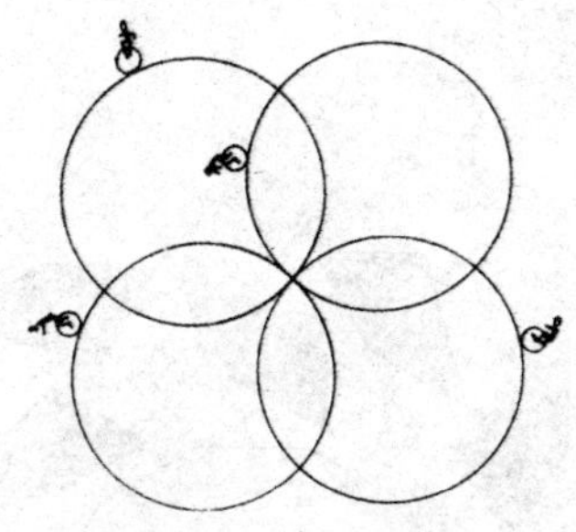

056 动物散步

图中的问号处应该分别填上什么动物？

057 四边形组成的十二边形

一个十二边形可以被分割成12个相同的四边形，每个四边形都是由一个等边三角形和一个正方形的一半组成。

你能用这12个四边形重新组成一个十二边形吗？

058 封口

羊栏里有36个出口，但只要封住其中一个出口，羊就根本无法跑出去，应封住哪个出口？

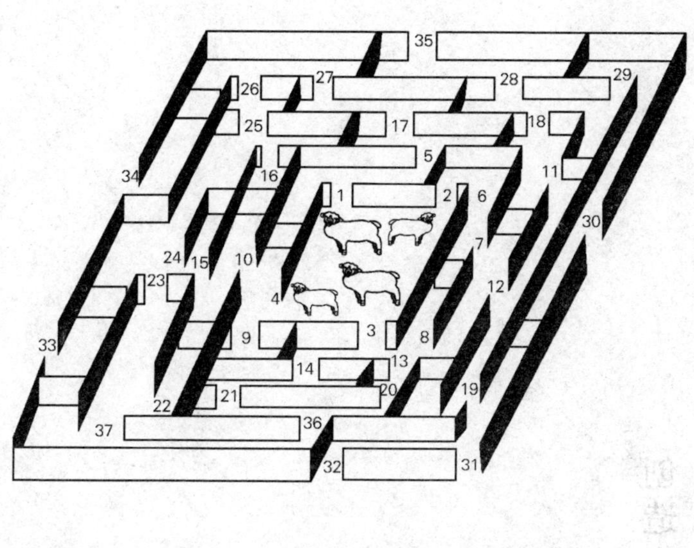

第三章

创造力

001 清理仓库

试试这个日本清理仓库的游戏。在这个游戏中，作为一个仓管员，你要把所有的“板条箱”都从出口转移出去。

规则如下：

1.可以横向或纵向推动1个板条箱；2.不可以同时推动2个板条箱；3.不可以往回拉动板条箱。

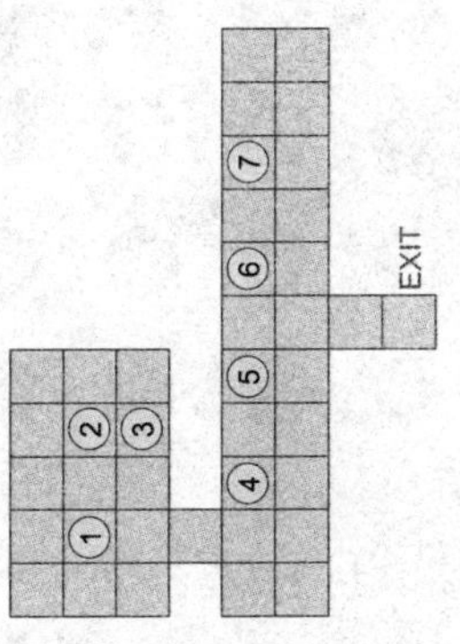

002 割据

画3条直线将方框分成6个部分，要求每部分都含有每种符号各2个。

003 十字架

用直线连接这些小球中的12个，形成1个完美的十字架，要求有5个小球在十字架里面，8个在外面。

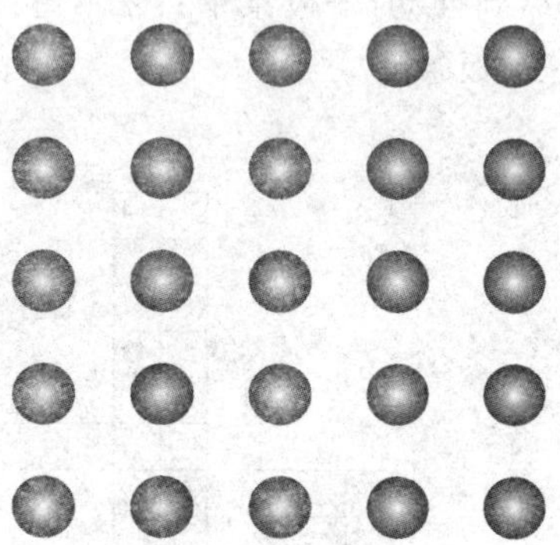

004 大小梯形

你能把这个梯形剪成更小的形状相同的4个梯形吗？

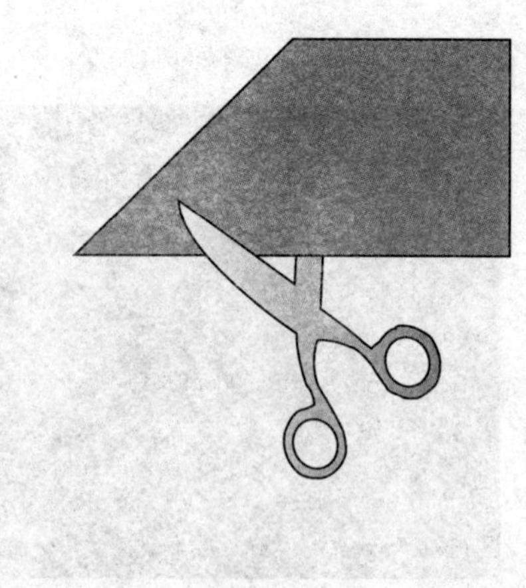

005 组合六角星

你能用这6个三角形拼出1个六角星吗（类似旋转的风车）？

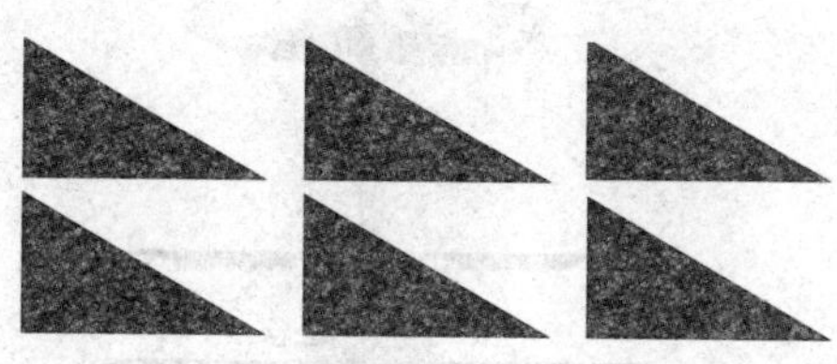

006 闭合多边形

请用6条线画1个闭合的多边形，使多边形的每一条边都跟另一条边相交（交点不是顶点）。下图是1种解法，你还能找到另外的解法吗？

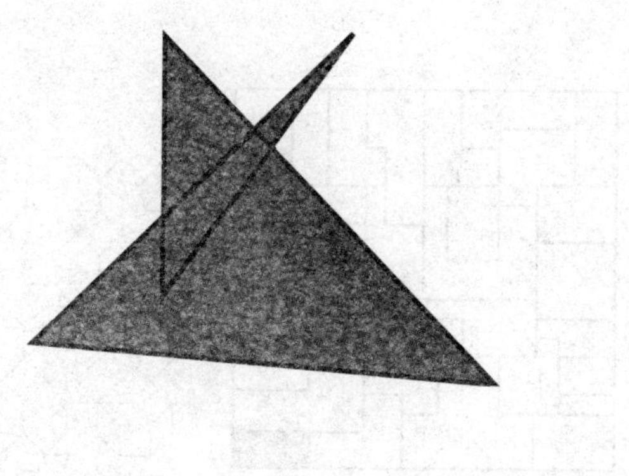

007 给3个盒子称重

你有3个形状相同、重量不同的盒子。用一架天平称它们的重量，你需要称几次就可以把它们由轻到重排列？

008 图案上色

现在要给这两个图形分别上色，问至少需要几种颜色才能使相邻的两个图形颜色不同？

这里的图形相邻指两个图形必须有1条公共边，而不能只有1个公共点。

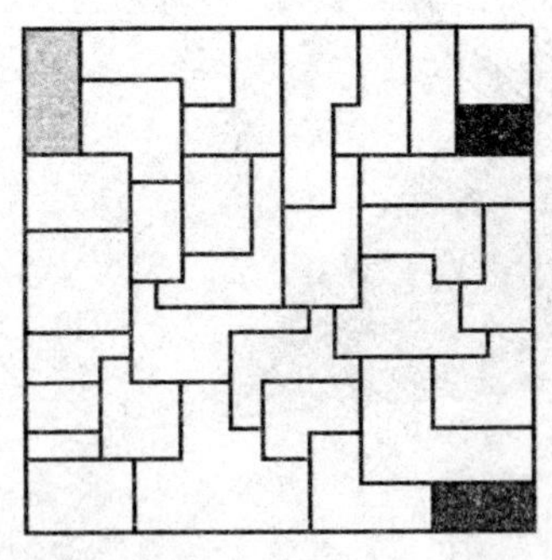

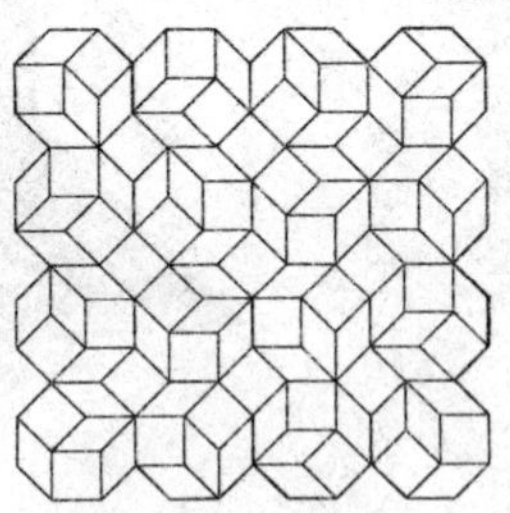

009 4点连出正方形

通过将 4 个点进行连接，在下边的图形中你总共能制造出多少个正方形呢？（注意：正方形的角必须位于点上。）

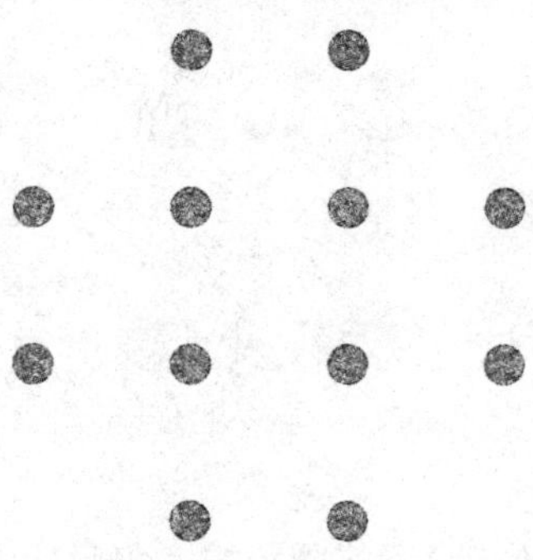

010 分割L形

1990 年福瑞斯·高波尔提出了这个问题：由 3 个小正方形组成的 L 形结构可以被分成不同份数的形状相同、面积相等的部分吗？

依据给出的数字，你可以将它平均分成与数字相等的份数吗？

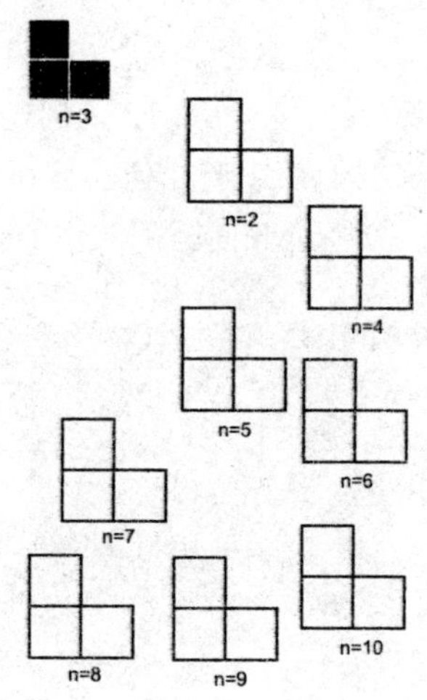

011 去电影院

现在让我们抛开那些谜题休息一下，看场电影吧。下面的地图显示的是从你家（H点）到电影院（M点）的各种路线。如果你只能向北、东或东北方向行进，那么从你家到电影院有多少种可能的路线呢？

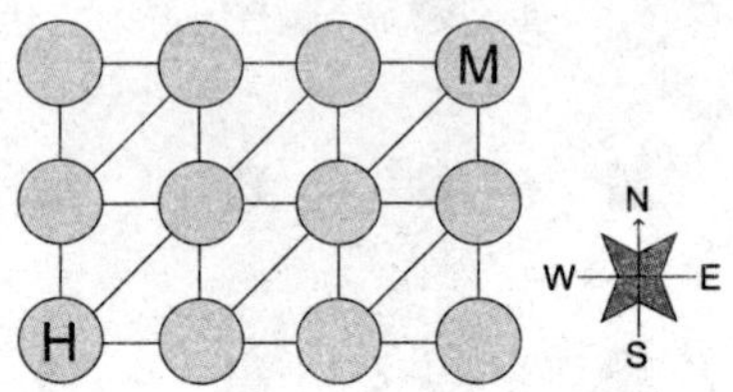

012 守卫

汤米·莱德斯给谜题国的国王帕泽尔佩特出了一道著名的“伦敦塔”问题。图中的A，B，C，D，E分别代表伦敦塔的5名守卫。每当日落的时候，A，B，C，D各守卫都会迅即走出A，B，C，D出口，鸣枪示意，唯有E会从起始点走到F位置。问题是如何给这5名守卫找到5条路线，让他们行走时均不经过其他人所走的路线。图中已标出A，B，C，D，E各守卫的位置以及他们需要通过的4道门的位置。汤米说，当你知道怎么走之后，这道题其实很简单。

汤米的第2个问题比第1个更好。

每到午夜，1名守卫就会从图中的W入口处进入塔内，然后迈着庄严的行军步伐走遍所有的64个房间，最后走到图中的黄色格子处。由于有长期的经验，守卫们都知道如何在尽可能少拐弯的情况下走完所有的房间，并且不重复经过任何房间。你能找到这条路线吗？

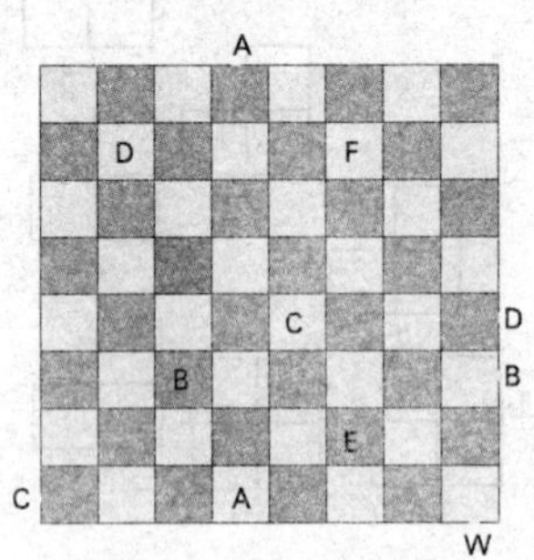

013 建造桥梁

这是风靡日本的游戏之一——建造桥梁。在这个游戏中，每个含有数字的圆圈代表一个小岛。你需要用纵向或横向的桥梁连接每个小岛，形成一条连接所有小岛的通道。桥的数量必须和岛内的数字相等。在两座小岛之间，可能会有两座桥梁连接，但这些桥梁不能横穿小岛或者与其他的桥相交。

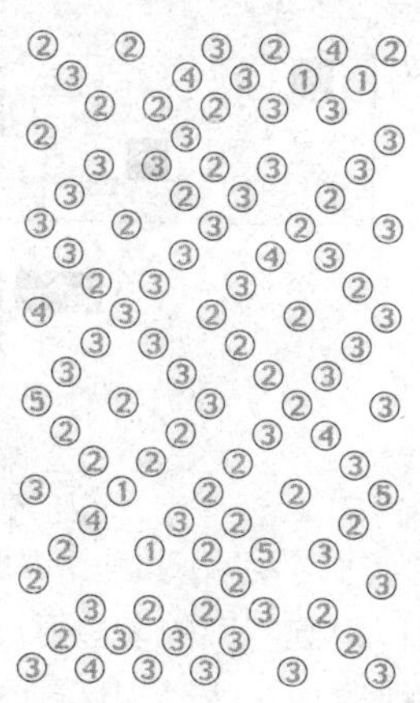

014 直线分符号

画3条直线将下图分成6个部分，每部分都包含6个符号——每种符号各2个。

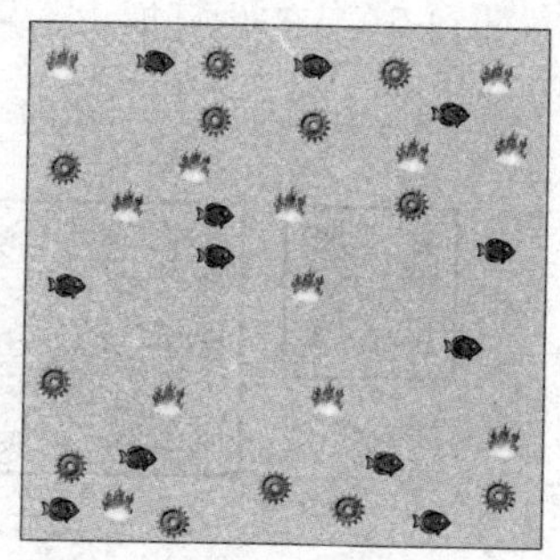

015 网格覆盖

下面的 10 × 10 的棋盘中有 5 个方块被删掉了。用 1 × 2 的长方形多米诺骨牌，你能完全覆盖下图的网格吗？如果不能，你能完成多少？

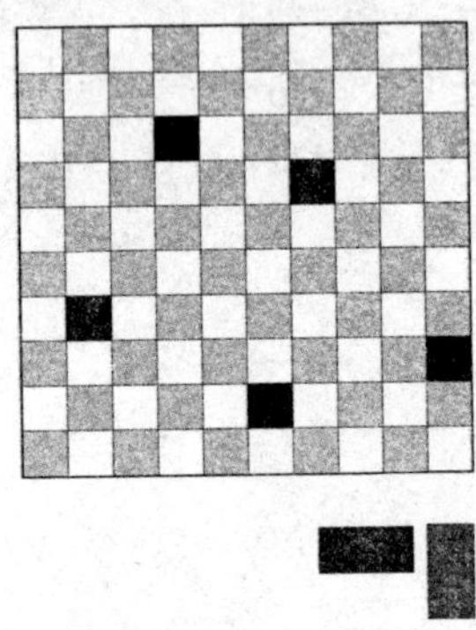

016 小钉板

小钉板可以帮助我们学习和理解多边形的面积关系，在板上用线把各个钉子连起来可以得到不同的多边形。

这里要求在正方形的小钉板上用线连成 1 个闭合的，并且每两条边都不在同一条直线上的多边形。多边形的每个顶点都必须在板上的钉子上，并且每个钉子只能使用 1 次。

1. 如图所示的是在 1 个 4 × 4 的小钉板上连成的有 9 个顶点的多边形，请问你能否在这个板上用线连成 1 个有 16 个顶点的多边形，即板上的每个钉子都使用 1 次，并且满足上面所讲的要求？

2. 请你在从 2 × 2 到 5 × 5 的小钉板上，用上尽可能多的钉子连成符合要求的多边形。

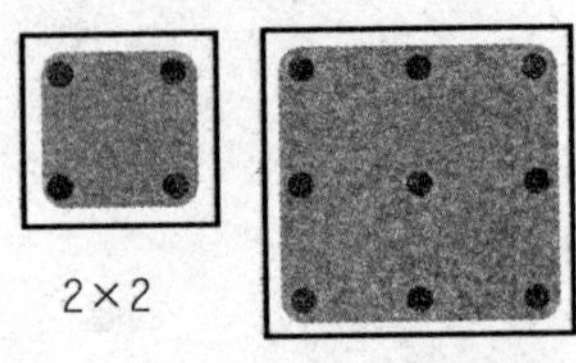

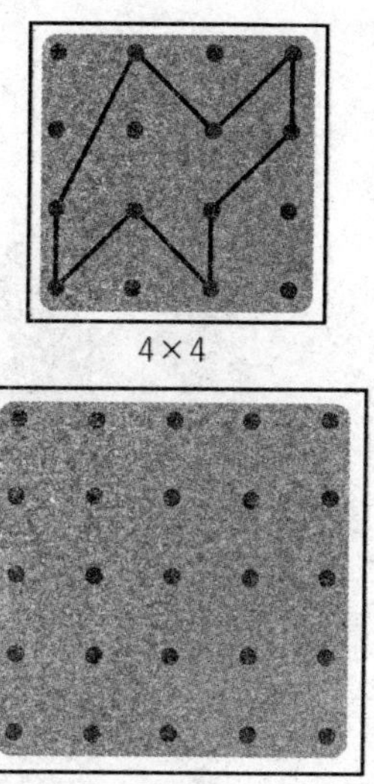

017 三角形钉板

请问你能否在这些三角形的小钉板上，用上尽可能多的钉子，连成1个闭合的，且每个顶点都在钉子上的多边形（每个钉子只能使用1次）？

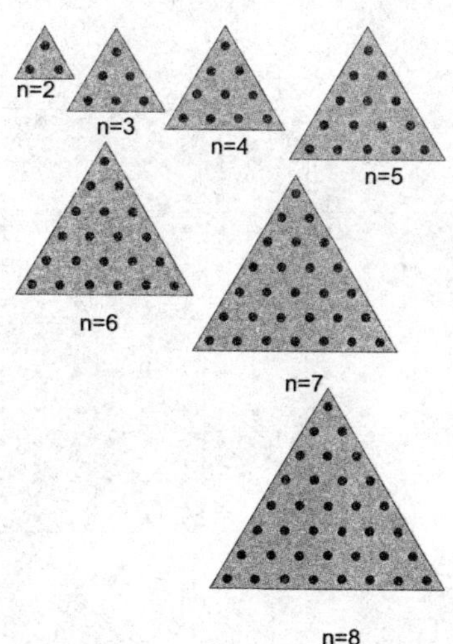

018 正六边形钉板

请问你能否在这些正六边形的小钉板上，用上尽可能多的钉子，连成符合 65 题要求的多边形？

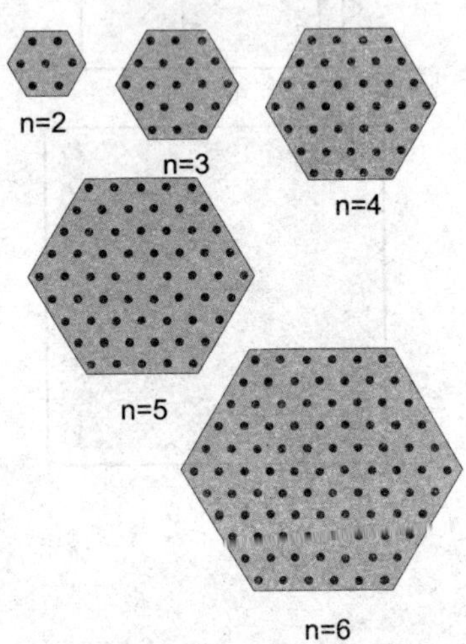

019 连接四边形

在 3 × 3 的小钉板上连成四边形，至少有 16 种连法，你能画出来吗？

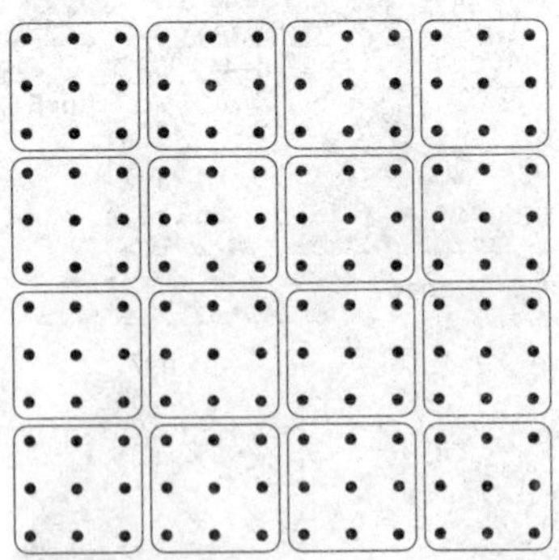

020 4等分钉板

把 3 × 3 的小钉板分成面积相等的 4 块，请你至少找出 10 种分法。图像的旋转和镜像不算作新的分法。

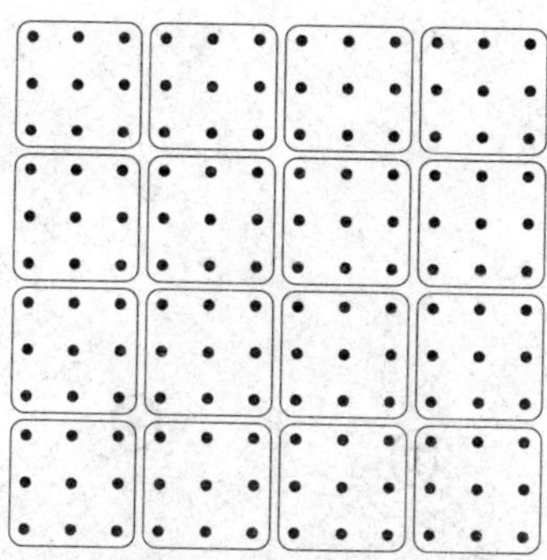

021 分割

用 3 条直线将这个正方形分成 5 部分，使得每部分所包含的总值都等于 60。

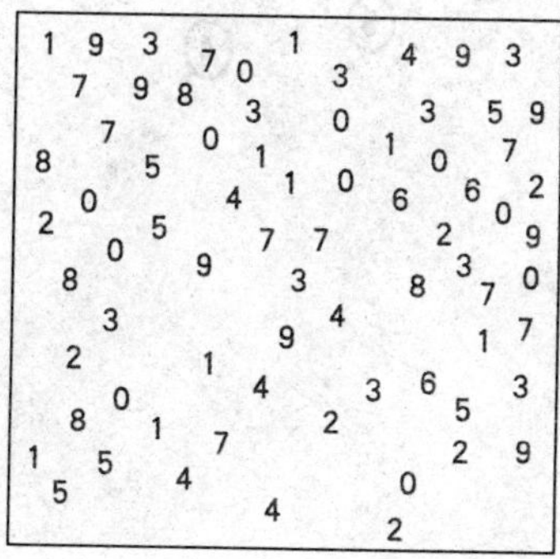

022 连接数字

你能够把上面 1~18 用曲线从头到尾连接起来吗？曲线之间不能相交。

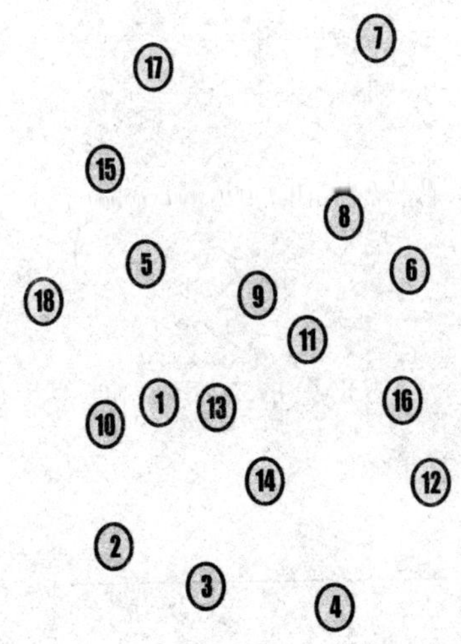

023 分割矩阵

你能沿着这些线条把这个矩阵分成 4 个部分，每部分里都必须包含 1 个三角形和 1 个五角星吗？每部分的形状和尺寸都必须相同，但三角形和五角星的位置可以不同。

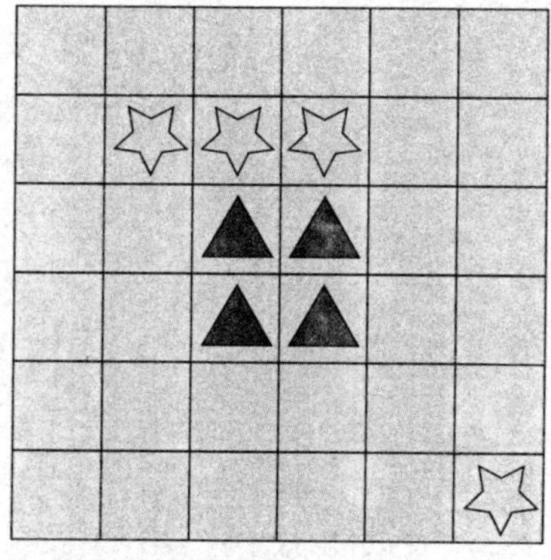

024 走出迷宫的捷径

从中央的数字“4”开始，按你喜欢的方向走 4 步，横走、竖走或对角走。到达 1 个标有数字的方框后，再次按照你喜欢的方向，根据方框内数字所指示的步数走。通过这种方式，你可以找到走出迷宫的路。但是，最后 1 次移动时，你只能走 1 步离开迷宫。你的任务就是找到只移动 3 次就可以走出迷宫的捷径。

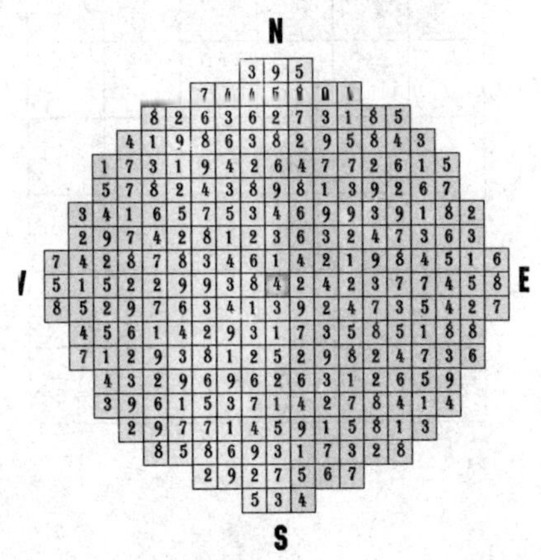

025 瓢虫

一共有19个不同大小的瓢虫，其中17个已经被分别放入了上面的图形中，每个瓢虫均在不同的空间里。

现在要求你改变一下图形的摆放方式，使整个图中多出两个空间，从而能够把19个瓢虫全部都放进去，并且每个瓢虫都在不同的空间里。

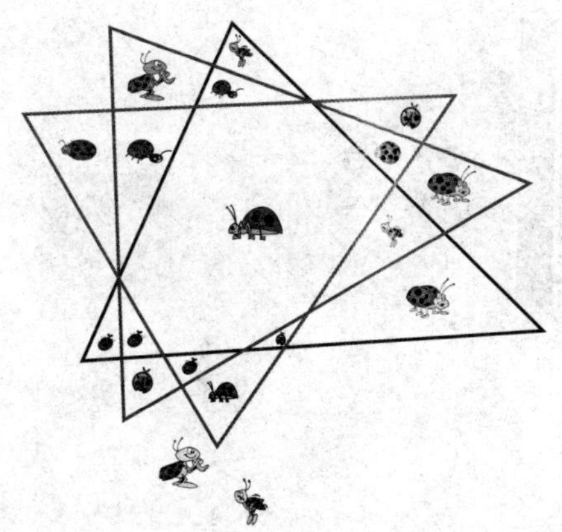

026 不可比的长方形

在数学上，2个有整数边的长方形，如果它们互相都不能被放进另一个里面（它们的边是平行的），那么我们称它们为不可比的长方形。

下面7个长方形互相不可比，而且可以被拼进1个最小的长方形。

1.你能确定这个可以由7个不可比的长方形拼成的长方形边的比例吗？

2.你能找到这类的图样吗？

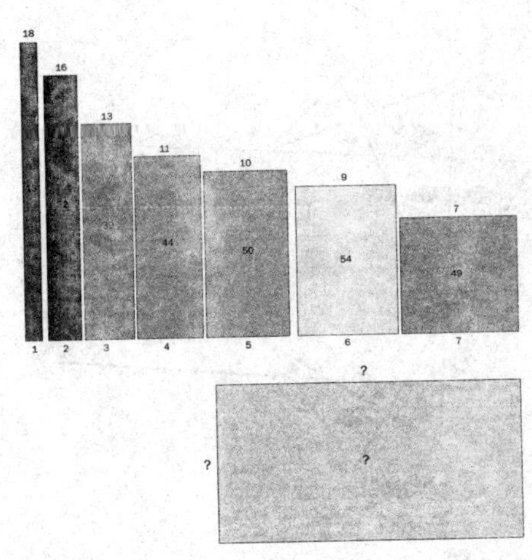

027 连接圆点

只利用6条直线，将右边的16个点全部连接起来。

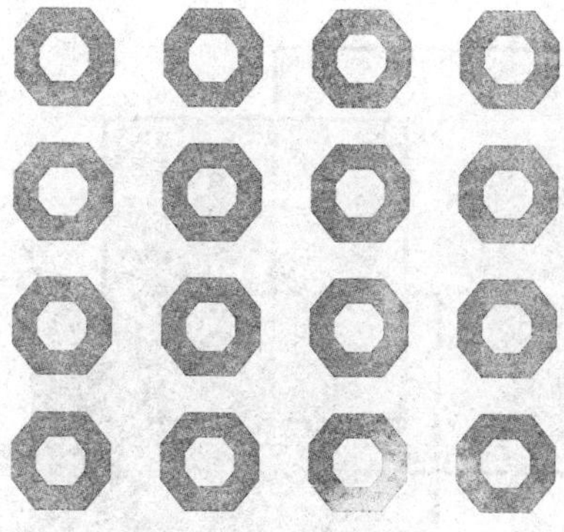

028 逻辑图框

这个图框是按照一定的逻辑排列的，你能找出问号部分应该使用的数字吗？

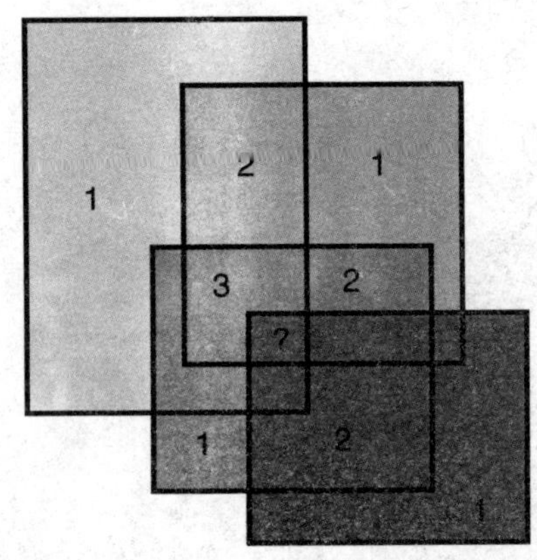

029 潜水艇拦截网

在世纪之交，为了抵御新式潜水艇，潜水艇拦截网便孕育而生。但是，相应的抵抗措施也随之出现，法国人甘默尼特先生发明了著名的潜水服。现在，你要穿上这个潜水服把这个网由上而下剪成两部分，但是要用最少的次数。在你剪的过程中，不可以把网的节点剪断。请你找出最佳位置并开始剪。

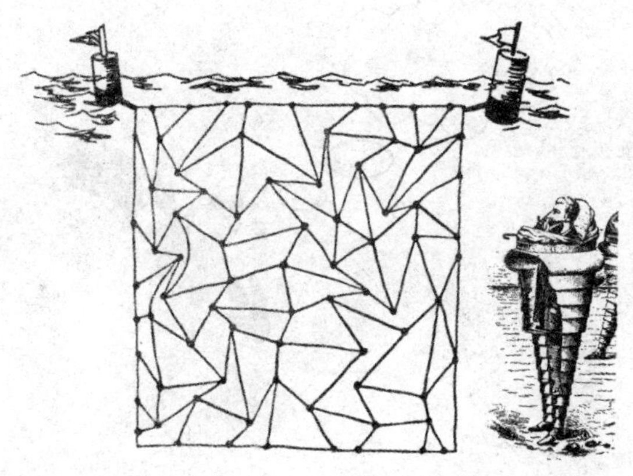

030 被拴起来的狗

菲多被人用一条长绳拴在了树上。拴它的绳子可以到达距离树10米远的地方。

它的骨头离它所在的地方有22米。当它饿了，就可以轻松地吃到骨头。

它是怎么做到的？

031 3个色子

掷3个色子可以有多少种方式？

3个色子的总点数可以从3到18。那么你能算出总点数为7和10的概率吗？

很久以来，人们都认为掷 3 个色子只有 56 种方法。人们没有意识到组合与排列之间的区别，他们只数了这 3 个色子的组合方法，却没有意识到要计算精确的概率必须要考虑到 3 个色子的不同排列。

032 滚动色子

使色子的一面与棋盘格的大小相等，然后将色子滚动到邻近的棋盘格，那么每移动一次，色子朝上那一面的数字就会变化。

如图所示，一个色子放在棋盘格的中央，要求滚动6次色子，每次滚动一面，使得它最后落在图中红色的格子里，并且色子的“6”朝上。

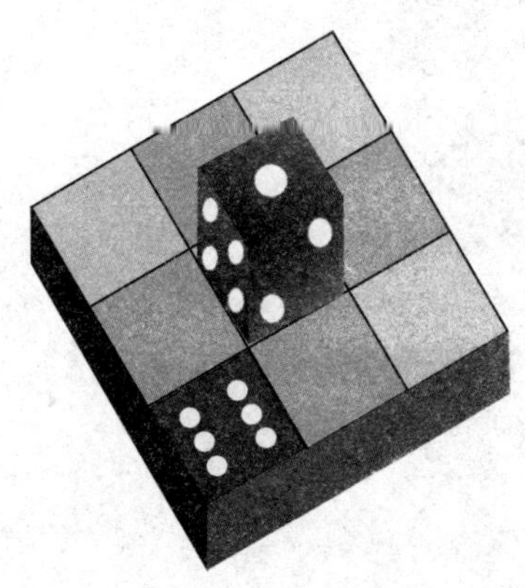

033 数字

让我们来看看你是否有资格在润滑油补给站获得这份免费赠品。你所要做的就是将数学表达式里的字母用数字代替，相同的数字必须代替相同的字母。竞赛的时限是 1 个小时。祝你好运！

解决了这个题，你就可以在汽车销售站免费获得润滑油！

```
          F  D  C
       ___________
A  B  / G  H  C  B
        A  B
       ___________
        F  F  C
        F  E  E
       ___________
           F  C  B
           F  C  B
```

034 弄混了的帽子

3个人在进餐馆时将帽子存在了衣帽间，但是粗心的工作人员将他们的号牌弄混了。等他们出来时，至少有一个人拿到的是自己的帽子的概率是多少？

035 射击

3个射手轮流射一个靶。但他们可不是什么射击能手。

艾丽丝射5次会中2次。

鲍勃射5次会中2次。

卡门射10次会中3次。

请问在一轮中他们至少有一个人射中靶子的概率是多少？

036 生日问题

随机选择几个人组成一组，问至少要多少人，才可以使这个组里面至少有2个人生日相同的概率大于50%？

037 随机走步

反复掷一枚硬币。

如果出现的是正面，上图中的人就向右走一格；如果是反面，则向左走一格。

掷硬币很多次以后，比如，36 次之后，你能够猜到这个人离起点多远吗？

你能说出这个人最后会回到起点的概率（假设他一直走）吗？

有些人在思考的时候喜欢走来走去，希望这个题目不要让你团团转哦。

038 幸运的嘉年华转盘

玩这个游戏先要交10美元，然后选择一个转盘，转动指针，指针指向的数字就是你赢到的钱数。

最好选择哪个转盘呢？

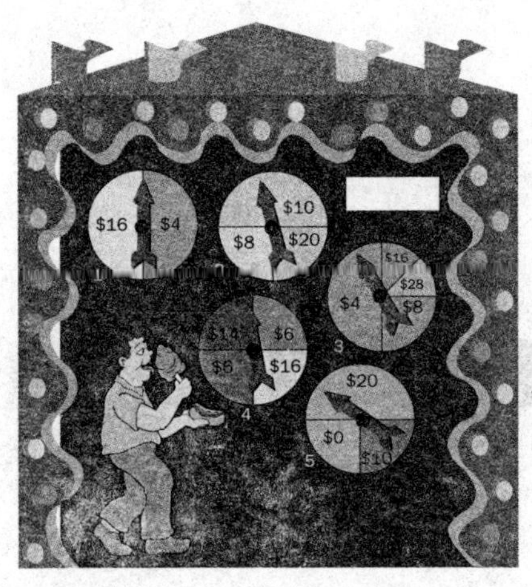

039 最牢固的门

A，B，C，D是4扇木制门框，哪一扇门框的结构最牢呢？为什么？

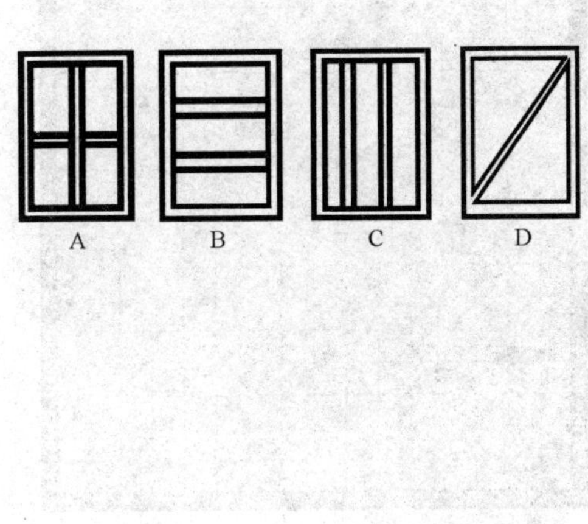

040 长方形与格子

请将表格分隔成多个长方形，使得每一个长方形里都包含一个数字，而这个数字正好等于该长方形所包含的格子个数。

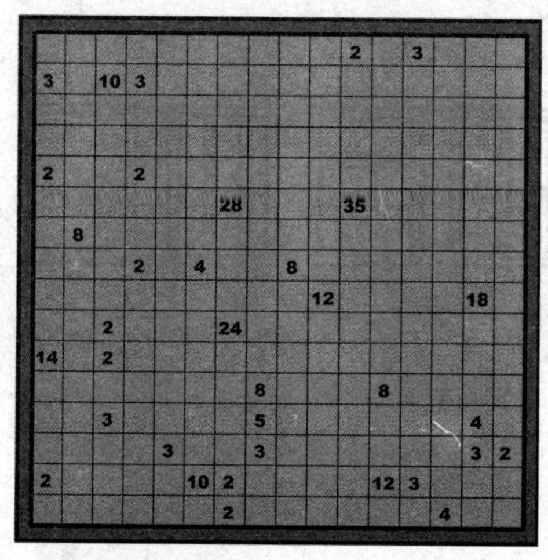

041 箭头与数字

在方框中填上数字1～7，使得每一横行和每一竖行中这7个数字分别出现一次。方框中红色箭头符号尖端所对的数字要小于另一端的数字。

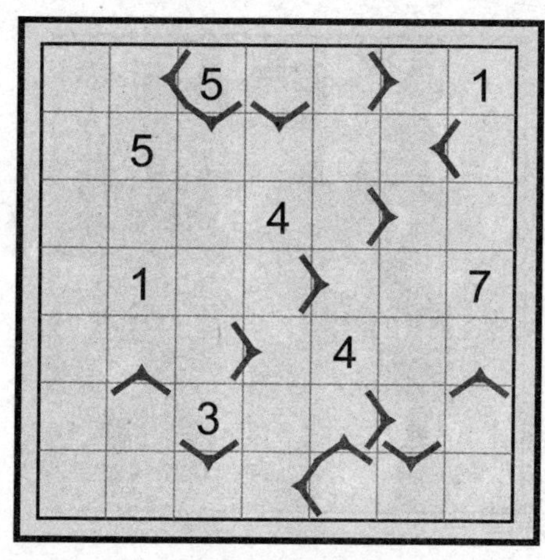

042 对角线和闭合图形

请按如下要求在每个格子里画一条对角线：图中数字指的是相交于此的对角线的数量；这些对角线相互不可以构成任意大小的闭合图形。

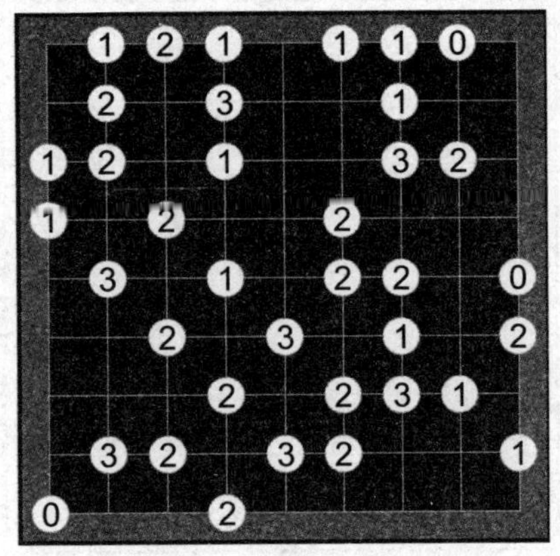

043 掷硬币

图中的这位女士将一枚硬币连掷5次，一共会出现多少种可能的结果？

044 长条图案

将方框中的小格子连接起来，使它们组成一个完整的长条图案。其中每个格子里的数字表明该格子有几条边属于这个长条图案。

	2	3	2	1					2
	1			2	3	2	3	3	
	1	2						0	
	3		2	2	2	1			3
		2		1	3	3	2	3	
	3	1	1	2				1	2
				2	2		2	2	2
		2	2	3			2		2
1	2		1			2	2		2
	3			3	2			2	3

045 只剩一点

有17个如图中所画的点。从任何一点画一条比点粗的直线连接其他的点，最后应可让每一个点至少都能与另一点连接起来。但是，某人做这项工作，虽然连接了所有的点，最后却还是剩下一点。有这种可能吗？

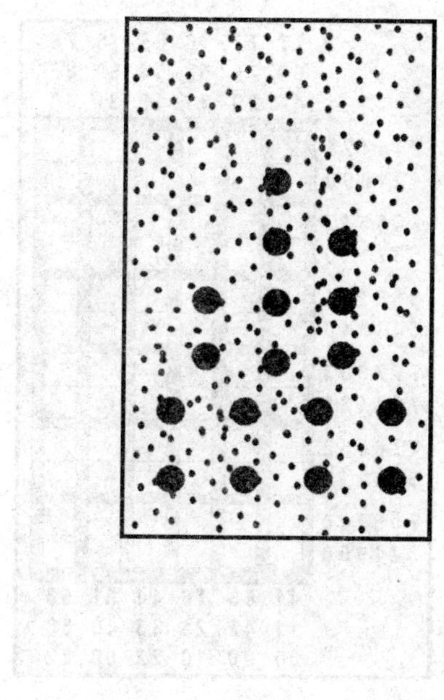

046 打乱的多米诺骨牌

一套包括（0, 0）到（7, 7）所有数字组合的多米诺骨牌竖放在右边的格子中，每张骨牌上的上部分的数要大于下部分的数。格子上面的数是这一列的所有骨牌上部分的数，格子下面的数是这一列的所有骨牌下部分的数。格子左边的数是与之相对应横行的骨牌上的数。所有给出的数都是打乱了顺序，按照数字从大到小的顺序重新排列的。原来多米诺骨牌的顺序是怎样的？

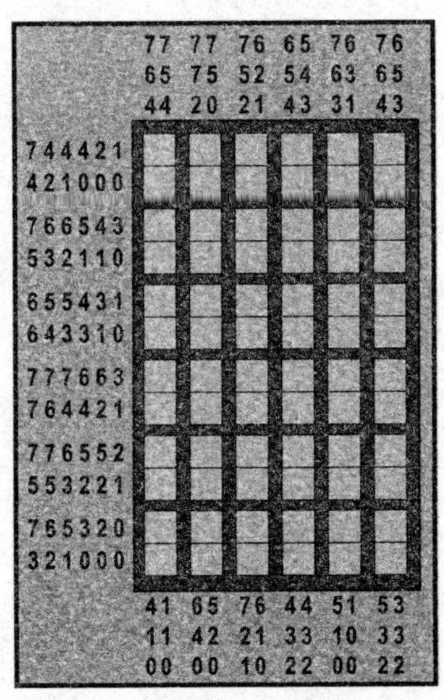

047 林地

大方格代表一片林地。其中一些格子里面是草，其他的里面是树（已标出）。在长草的一些格子里放上帐篷，使得每一棵树在垂直或水平方向有一个帐篷与它相邻，而一个帐篷可以与多棵树相邻。所有的帐篷之间不能在垂直、水平，或者斜向上相邻。方格外面的数字分别表示该行或者该列帐篷的总数。请问这些帐篷分布在哪些格子里？

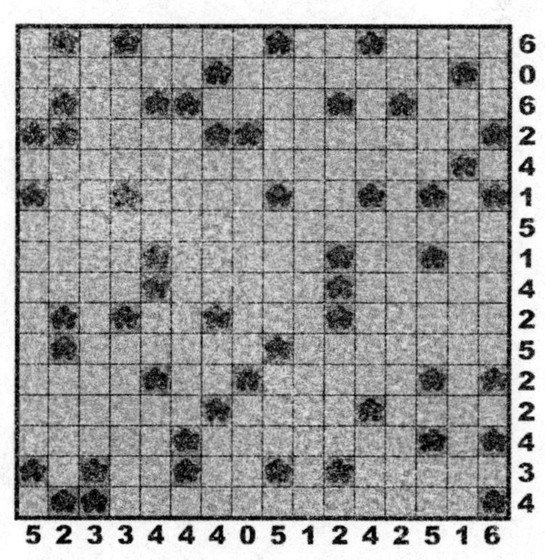

048 填字母

你能根据这些线索在下面的格子中填上相应的内容吗？

1. B 与E 和H 处在同一列之内。
2. F位于B的左方，并且位于D的正上方。
3. G位于E的右方，并且位于I的正上方。
4. D 位于H 的左方，并且和A 处于同一列之中。

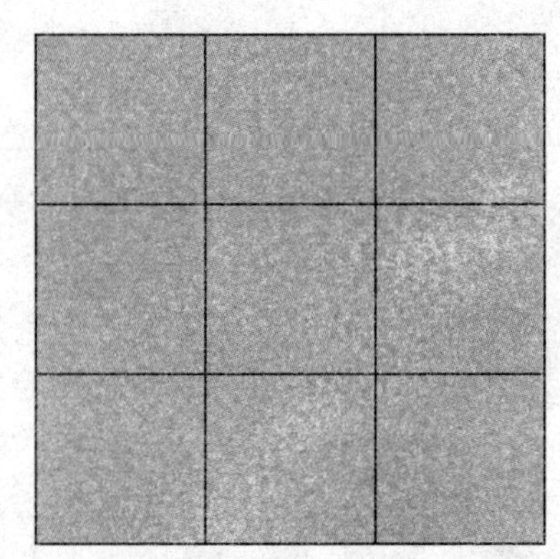

049 表格中的星星

表格被分成了多个不同的图形，每个图形的中心都有一颗星星，而且所有这些图形都是中心对称的——旋转180° 图形保持不变。这些图形分别是什么样的？

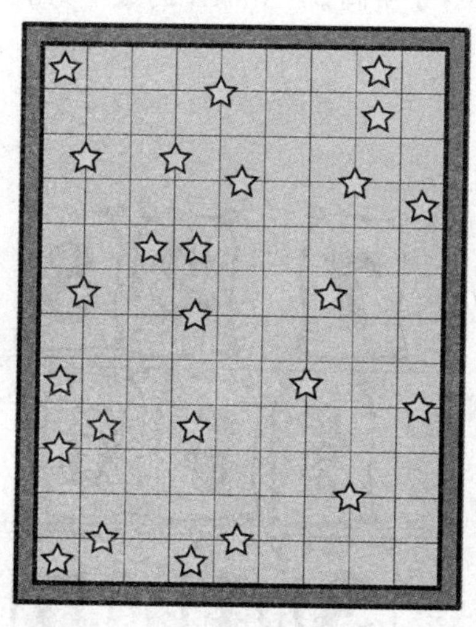

050 面粉

当塞·科恩克利伯核对自己的补给品时，他在面布袋上发现了一些有趣的东西。面布袋每3个放在一层，共有9个布袋，上面分别标有从1到9这几个数字。在第一层和第三层，都是一个布袋与另外两个布袋分开放，而中间那层的 3 个布袋则被放在一起。如果他将单个布袋的数字（7）乘以与之相邻的两个布袋的数字（28）得到196，也就是中间 3 个布袋上的数字。然而，如果他将第三层的两个数字相乘，则得到170。

塞·科恩克利伯于是想出来一道题：你能否尽可能少地移动布袋，使得上、下两层上的每一对布袋上的数字与各自单个布袋上的数字相乘的结果都等于中间 3 个布袋上的数字呢？

051 醉汉走步

如图所示，以这个矩形方阵的中心作为起点，掷 2 枚硬币（1 枚红色、1 枚黄色）来决定醉汉的走步。每掷一次，醉汉向上或向下走一步，然后向左或向右走一步。

这是最简单的无规则运动，与布朗运动（液体或气体分子受到其他方向分子的撞击而不停地做无规则运动）的解释非常类似。

请问掷这两枚硬币 100 次以后，这个醉汉的位置在哪里呢？

你能否同时猜一下醉汉回到起点的概率？

醉汉只能在这个矩形方阵里面走步，不能走到外面去。如果走到了边缘，忽视所有使他向外走的投币，重新掷硬币，直到他可以重新向里走为止。

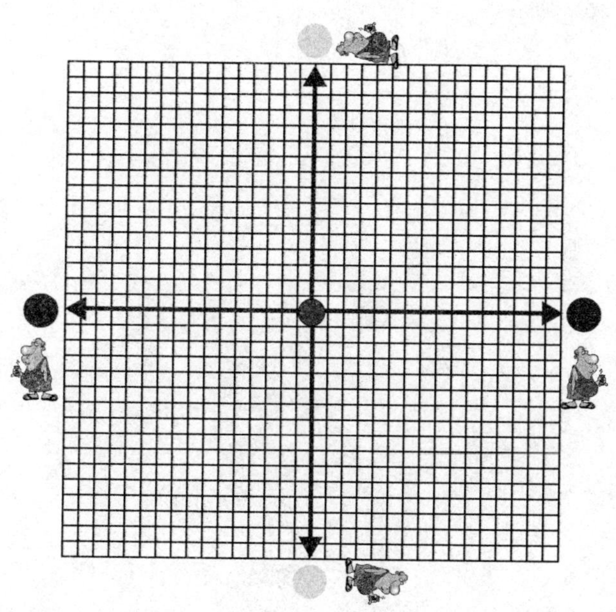

第四章

计算力

001 数字筛选

请你选出10个小于100的正整数。然后从这10个数中选出两组数，使得它们的总和相等。每一组可以包含一个或者多个数，但是同一个数不能在两组中都出现。请问是否无论怎样选择，这10个数中总是可以找到数字之和相等的两组数呢？

下面是一个例子：

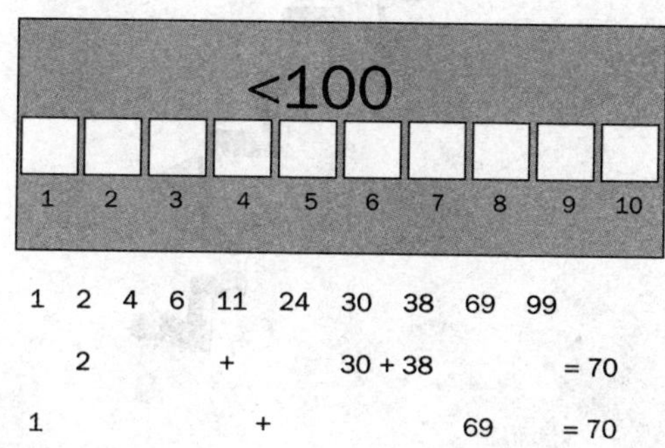

002 数字1到9

将数字1，2，3，4，5，6，7，8，9分别填到下面等式的两边，使等号前面的数乘以6等于后面的数。

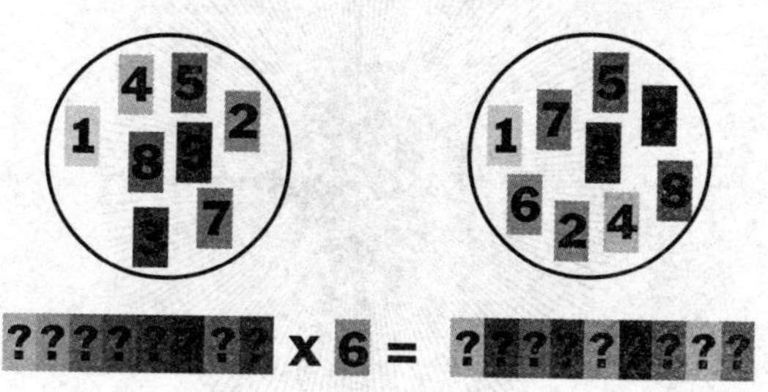

003 旋转的物体

这是一个三维物体水平旋转的不同角度的视图，但是它们的顺序被打乱了，你能否将它们按照原来的顺序排列成一行？

004 轨道错觉

开普勒（1571-1630 年）发现了行星围绕太阳运转的轨道是椭圆形的。请问图中的这个轨道是椭圆形的吗？

005 三维形数

三维形数是平面形数的三维类似体。小球堆成三边锥形组成四面体数；堆成四边锥形组成正方锥数。

四面体数分别是：1，4，10…

两个四面体数之间的差是三角形数。

正方锥数分别是：1，5，14…

两个正方锥数之间的差是四边形数。

上面已经分别给出了四面体数和正方锥数的前 3 个数。你能否将它们的前 7 个数都算出来？

下图的四面体是用大小相同的小球堆成的，请问它的最底层（第 10 层）有多少个小球？整个四面体由多少个小球构成？

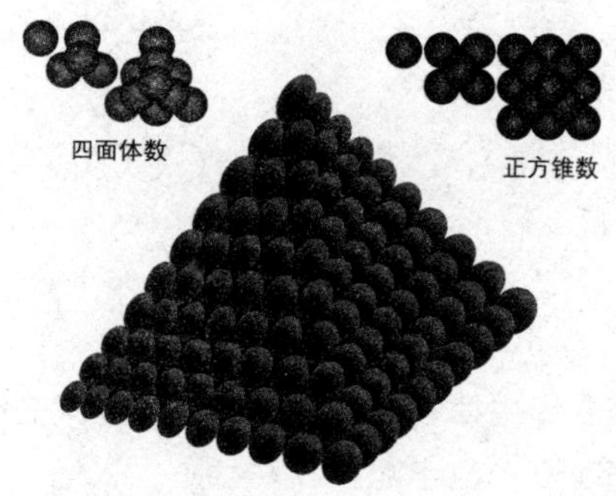

006 小猪存钱罐

我的零花钱总数的 1/4，加上总数的 1/5，再加上总数的 1/6 等于 37 美元。

请问我一共有多少钱？

007 三角形数

你能将前 10 个自然数（包括 0）分别填入上面的三角形中，使三角形各边数字的总和都相同吗？

你能找出几种方法？

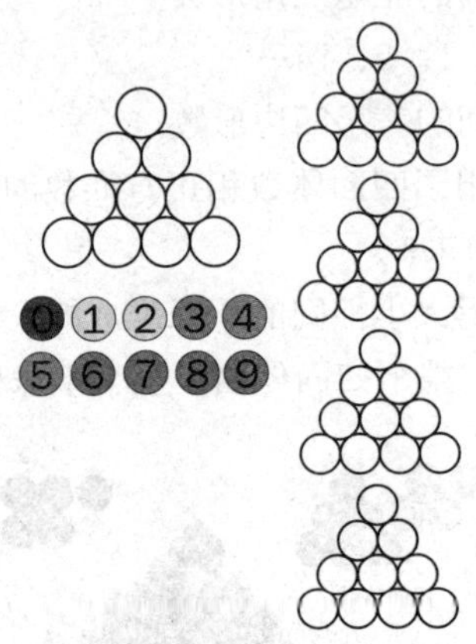

008 加减

从右边竖式里去掉 9 个数字，使得该竖式的结果为 1111。

应该去掉哪 9 个数字呢？

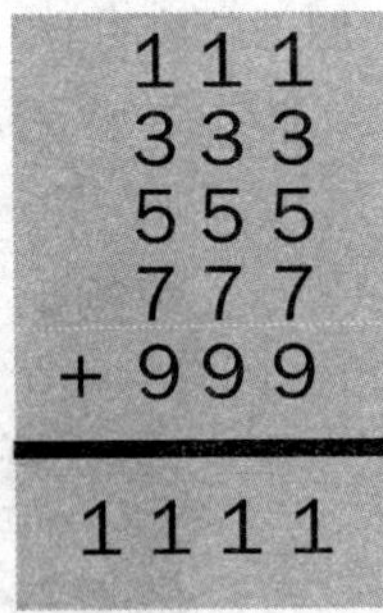

009 8个“8”

将 8 个“8”用正确的方式排列，使得它们的总和最后等于1000。

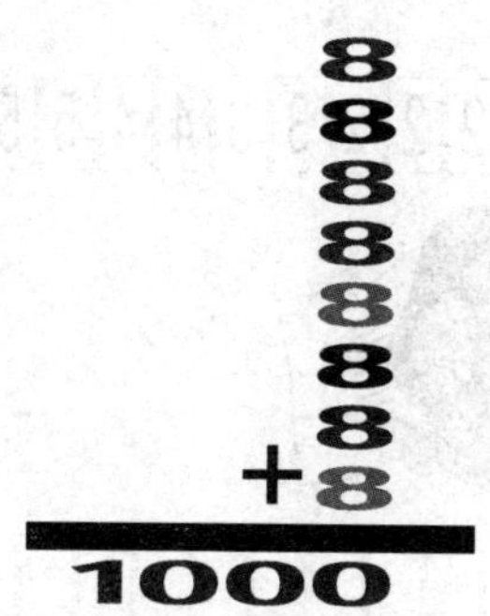

010 总和为15

请问下面的这行数中有多少组连续的数字相加和为 15？

735643263318[illegible]741

011 和与差

你能否将下面的10个数排列成一行，使得这行里的每一个数（除了第一个和最后一个）都等于与它相邻的左右两个数的和或差？

012 数列

你能否找出下面这个数列的规律，并写出它接下来的几项吗？

013 自创数

在多伦多安大略科学中心的数学展览上，可以看到这样一道引人注目的题。这道题要求按照下面的规则在一行 10 个空格里填上一个十位数：

第 1 个数字是这个十位数各位数字中所包含的“0”的个数；第 2 个数字是十位数各位数字中包含的“1”的个数，第 3 个数字是十位数各位数字中所包含的“2”的个数，依此类推，直到最后一个数字是十位数各位数字中所包含的“9”的个数。

这个结果就好像是这个十位数在创造它本身，也难怪马丁 · 加德纳把它叫作自创数。

怎样才能解决这个具有挑战性的难题呢？这道题究竟有没有解？

麻省理工学院的丹尼尔·希哈姆找到了一些思路来解决这个问题。他说，因为第 1 行一共有 10 个不同的数字，因此第 2 行的各个数字之和一定为 10，由此就决定了这个十位数中所包含的最大数字的极限。

你能按照他的逻辑，找到这道题唯一的解吗？

014 凯普瑞卡变幻

任意列出 4 个不同的自然数，例如，2435。

把这 4 个数字依次递减所组成的四位数与依次递增组成的四位数相减，得到的数再用相同的方式相减（不足四位补 0）：

5432 - 2345

几轮之后你会得到一个相同的数。

我已经猜到这个数是什么了，你呢？

015 计算器故障

计算器总是可信的。但是我的计算器上除了 1，2，3 这 3 个键以外，其余的键都坏了。

只用这 3 个键，可以组成多少个一位、两位或者三位的数？

0,1,2,3,4,5,6,7,8,9,11,22,33,44,55,66,77,88,99,101,111,121,…?

016 回文

回文并不是只出现在文字上，数字也可以产生回文现象。

选择任意一个正整数，将它的数字顺序前后颠倒，然后再与原来的数相加。将得到的数再重复这个过程。如此重复多次以后，你会得到一个回文顺序的数，即把它颠倒过来还是它本身。下面举了 234，1924 和 5280 的例子：

```
  234        1924         5280
+ 432       +4291        +0825
-----       -----        -----
  666        6215         6105
            +5126        +5016
            -----        -----
            11341        11121
           +14311       +12111
            -----        -----
            25652        23232
```

89

…

…

?

是不是每一个数最后都可以得到一个回文顺序的数呢？

试试 89，看它是不是。

017 4个“4”

马丁·加德纳曾经将这个游戏收入到他的《数学游戏》专栏。

游戏的规则是将数字 4 使用 4 次，通过简单的加减乘除将尽可能多的数展开。允许使用括号。

例如：

1 = 44/44

2 = 4/4 + 4/4

用这种方式可以将数字 1 ~ 10 都展开。

如果允许使用平方根，你可以将数字 11 ~ 20 都展开，这中间只有一个无解。

$1 = 44/44$

$2 = 4/4 + 4/4$

3 =

4 =

5 =

6 =

7 =

8 =

9 =

10 =

11 =

12 =

13 =

14 =

15 =

16 =

17 =

18 =

19 =

20 =

018 4个数

有没有人跟你讲过，有一种人只知道1，2，3，4这4个数字。

他们只用这4个数字可以组成多少个一位、两位、三位和四位的数？

019 足球

如果这个足球的重量等于50克加上它重量的3/4，那么这个足球的重量是多少？

020 数学式子

只凭直觉，你能否将黑板上的 7 个数学式子按照从大到小的顺序排列？

021 11的一半

你能否找到一种方法，使得 6 等于 11 的一半？

$$6+6=11$$

022 加一条线

在下面这个等式中加一条线，使等式成立。

$$5+5+5=550$$

023 想一个数

随便想一个数。

加上 10。

乘以 2。

减去 6。

除以 2。

然后再减去你最开始想的那个数。

结果一定是 7。为什么？

024 类似的数列

一个有趣的数列的前 8 个数如下图所示。

请问你能否写出该数列的第 9 个数和第 10 个数？

1	1
2	11
3	21
4	1211
5	111221
6	312211
7	13112221
8	1113213211
9	?
10	?

025 冰雹数

随便想一个数。如果是一个奇数，就将它乘以 3 再加上 1；如果是一个偶数，就除以 2。

重复这个过程。例如：

1，4，2，1，4，2，1，4，2，1，4，2…

2，1，4，2，1，4，2，1，4，2…

3，10，5，16，8，4，2，1，4，2…

我们可以看到，上面的这些数列后面的部分都变成一样的了。

那么是不是不管开头是什么数，到后面都会变成同一串数呢？

试试用 7 开头，然后再看答案。

026 六边形

你能否在如图所示的这些小六边形里填上恰当的数，使得三角形中的每一个数都等于它上面两个数之和？不允许填负数！

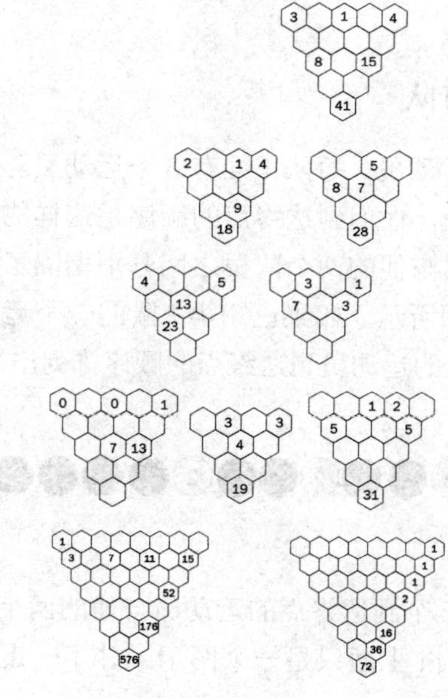

027 数字卡片

下面有黄红两组数字卡片。请你把它们粘到上面的数字板上，使得横向相邻的两种不同颜色的卡片数字相同。

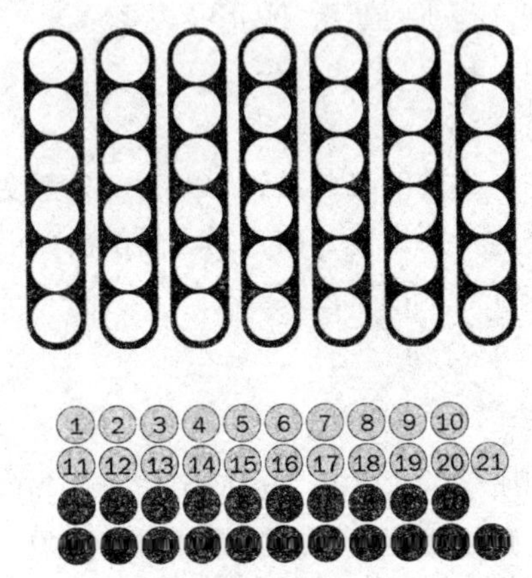

028 3个队员的队

一共有9队运动员，每队里面有3个运动员。每一队运动员都穿着相同颜色的队服。他们到达终点的顺序是这样的：每一队的第2个到达终点的运动员与他的两个队员之间分别相隔了他这一队的序号数个运动员。如下图所示。如果已知第1队的一个运动员是这场比赛的冠军，你能将所有的运动员到达终点的顺序排列出来吗？

第2队的第2个到达终点的运动员与他的两个队员之间间隔了两个其他队的运动员（上面只是一个图示，并不一定就是第2队的队员到达终点的实际排名）。

029 连续整数(1)

天平上放着 3 个重物，这 3 个重物的重量为 3 个连续的整数，它们的总和为 54 克。问这 3 个重物分别重多少？

030 连续整数(2)

天平上放着 4 个重物，这 4 个重物的重量为 4 个连续的整数，它们的总和为 90 克。问这 4 个重物分别重多少？

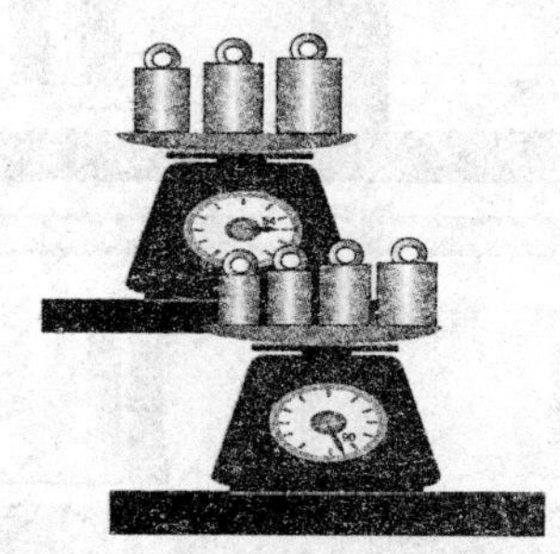

031 等式平衡

一个等式就好比一个天平。英国教师罗伯特·柯勤设计了一个天平，即在一个常规天平上加一个滑轮，如图所示。由此也就引入了“负数重物”的概念。

根据上面的图，你能否确定 x 的值？

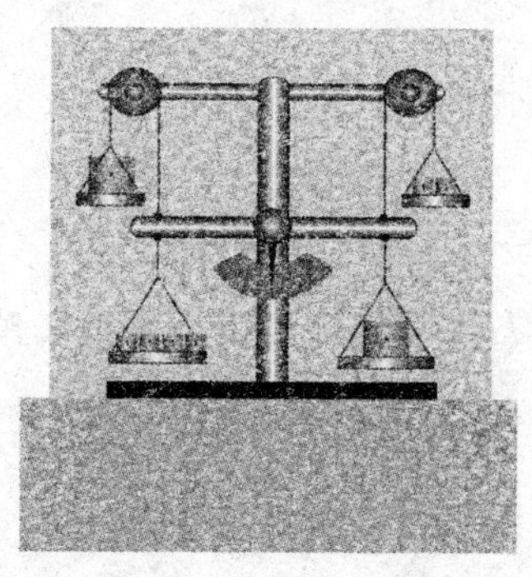

032 重物平衡(1)

最上面的 2 个天平都处于平衡状态。

在第 3 个天平的右边需要放多少个蓝色重物才能使天平平衡?

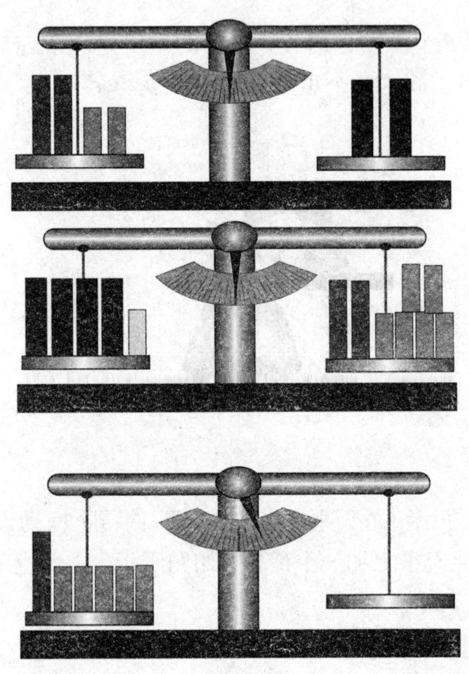

033 重物平衡(2)

最上面的 2 个天平都处于平衡状态。

在第 3 个天平的右边需要放多少个蓝色和黄色重物才能使天平平衡?

034 总数游戏(1)

两个游戏者轮流将从1开始的连续整数写在上面两栏中的任意一栏。

每次放进某一栏的数字不能等于这一栏中已经有的两个数字之和。不能继续放数字的游戏者为输家。

在下面的这盘示范游戏中，游戏者2(红色数字代表的)为输家，因为他不能把8放进任意一栏。

在第1栏中：1+7=8；

在第2栏中：3+5=8。

你能否找到一种方法使得其中一个游戏者每次都赢？

1	2
1	3
2	5
4	6
7	

035 总数游戏(2)

这个游戏最长可以进行到数字几？

036 卢卡数列

找一个朋友在右上图 2 个红色方框内分别写上 2 个数字（例如 3 和 2），并且不能让你看到。然后从第 3 个方框开始，每个方框里面的数等于前 2 个方框里的数之和，依此类推，一直写到第 10 个方框。

他们只给你看绿色方框里的数，其他方框里的数你都不知道。

要求你写出这 10 个数的和。在他们还没有写完这 10 个数时，你就可以将它们的和（下面右图中为 341）写出来了。

怎样可以提前知道答案呢？

1	
2	
3	
4	
5	
6	31
7	
8	
9	

	3
1	2
2	5
3	7
4	12
5	19
6	31
7	50
8	81
9	131
	341

037 4个盒子里的重物

你能否将连续整数 1 ~ 52 放进上面的 4 个盒子中，使得每个盒子里的任意一个数都不等于该盒子里任意两个数的和？

我们已经把数字 1 ~ 3 放进盒子里了。

你能将 4 ~ 52 全部都放进这 4 个盒子里吗？

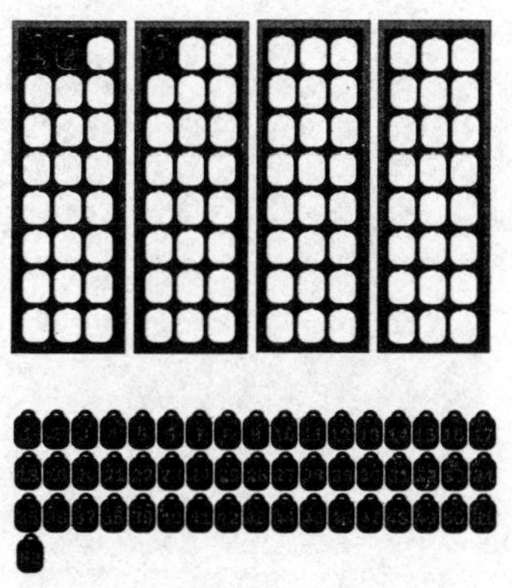

038 突变

4 张卡片上的 3 幅图已经画出来了，你能把第 4 张卡片上的图也画出来吗？

答案

○ 观察力

001 中心方块

中心的小方块和周围的灰度值是一样的。在背景上画黑线纹样，会使背景感觉偏黑。同样的颜色，画上白色纹样，感觉就偏白。因此中心小方块（黑色线条之间）看起来比周围方块（白色线条之间的）要暗。事实上，整幅图的灰度值是一样的。你可以盖住黑线和白线交界处的线条来检查。

002 灰色条纹

两个灰色竖条纹的灰度是一样的。由于局部同时对比，产生了令人惊讶的效果——被白色环境包围的灰色条纹看起来要比被黑色环境包围的灰色条纹亮。

003 倾斜的棋盘

每个小棋子都具有相同的亮度。

004 双菱形

两个菱形具有相同的亮度。

005 圆圈

圆圈和背景的亮度是一样的。一系列射线从一个客观上并不存在的圆圈发散出来，造成一种强烈的亮度对比，因而感觉这些圆圈比背景亮。

006 赫尔曼栅格

在赫尔曼栅格中，交叉处的四边都是亮的，而白条只有两侧是亮的，所以注视交叉处的视网膜区域比注视白条的区域受到了更多的侧抑制，这样交叉处显得比其他区域暗一些，在交叉处就能看到灰点。

007 闪烁的点

当转动眼球观察图片时，虚幻的黑点在白点中间产生或消失；注视圆心时，白点就会消失。美国视觉科学家迈克尔·莱文和詹森·麦卡纳尼于2002年发现了这个闪烁栅格的奇异变化。该感知效果仅在特定的环境中才能发生。它可能与“视觉消失”的某些形式有关，被称为“熄灭”。目前，还不清楚什么原因导致“消失”。

008 闪烁的栅格

在这个例子中，视觉系统对中心和背景的反应时间可能存在微小的差异。对中心的反应更快、持续时间更短，这引起了交叉点闪烁。环顾图片时，视觉系统对白色交叉点做出反应，发出强烈的白色信号，但是如果凝视任何交叉点，随即信号就会变弱，背景的侧抑制发生了，视觉系统感知到的就是交点变暗了。

009 神奇的圆圈

日本视觉科学家和艺术家秋吉北冈于2002年创作了这个闪烁栅格错觉的变形。

010 小圆圈

在这幅图中，存在许多可能存在的圆。当眼睛扫过这幅图，你的视觉系统不断寻求最佳效果，但另一方面又有新的效果不断产生。

011 线条

这些线条实际上是笔直而且平行的，然而给人的感觉是弯曲的。错觉是由大脑皮层的方向敏感性的简单细胞引起的，这种细胞对空间接近的斜线和单向斜线产生交互影响，造成了弯曲效果。

012 线条组成的圆

这是弗雷泽螺旋的一种变形，由一系列同心圆组成。

013 面孔

如果将卡片颠倒过来，你就可以看到杯子两边各有一个侧面像。

014 单词

将图逆时针旋转90°，“Figure”外围较暗的边缘形成“Ground”。

015 鱼

它们有的向左游，有的向右游。

016 萨拉与内德

黑色的部分呈现的是吹萨克斯的男人，男子旁边的白色及部分黑色构成了女人的轮廓。

017 圣乔治大战恶龙

观察圣乔治的头发，你就能看到战争的场景。圣乔治是西方中世纪传说中的英雄，他杀死了代表邪恶的龙，解救了一个深受其害的小镇。有大量的油画和雕塑描绘了圣乔治杀掉恶龙的英雄事迹。

018 虚幻

你可以看到一位美丽的姑娘望着镜中自己年轻的面容，或者看到露齿而笑的骷髅头。女孩的头和镜中的头组成了头骨的两个眼睛，梳妆台上的饰品、化妆品和桌布组成了牙齿和下巴。

019 高帽

帽子的高度和宽度是一样的。

020 旋涡

它会逐渐旋转起来。其中，斑点清晰的边缘是一个关键因素。

021 贺加斯的透视

1754 年，威廉姆·贺加斯创作了这幅著名的画，来讥讽那些滥用透视法的人，并希望以此说明正确使用透视画法的重要性。图中存在 20 多处透视错误。如：两位垂钓者的渔竿、两根墙壁外交叉在一起的木棍、趴在窗口给山上老者提供火源的妇女。

022 三角形

不可能。里面的斜边视觉上似乎成立，其实现实中是不可能的。

023 小物包大物

不可能。

024 扭曲的三角

看最上面的木板，木板的接嵌方式是不可能的。线条是不可能在 3

个点处忽然转弯的。

025 房子

线段 AB 与 CD 一样长。

026 人脸图形

这个人脸图形是一个背景可互换的两可图画。从前面能看到一张模糊的脸，中间部分被烛台遮住了。由于面孔前的烛台，你感知到了深度。也可以看到两个妇女的侧面轮廓。面孔或者侧面像的边界都太模糊，导致了两种不同的印象。

027 老太太还是少妇

两种解释都有可能。这个经典错觉表明视觉系统如何基于你期望的内容来聚集特点。如果你看到一个特点比如眼睛像少妇，那么鼻子、下巴的特点也会聚集起来，呈现出少妇的特质。

028 对角线的长度

他可以把 3 个立方体排列成如图所示的样子，然后测量 x 的长度。

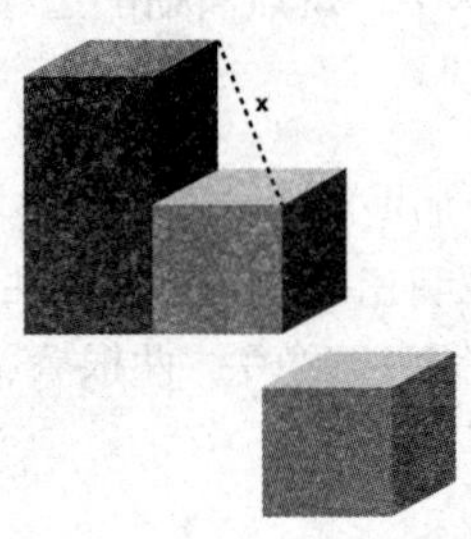

029 在镜子中的记忆

略。

030 立方体上色

这 8 个立方体的上色可以用一个平面的席雷格尔表格表示，这跟三维的立方体是拓扑等价的。

最少需要 3 种颜色，如图所示。

031 神奇的风筝

答案如下图：

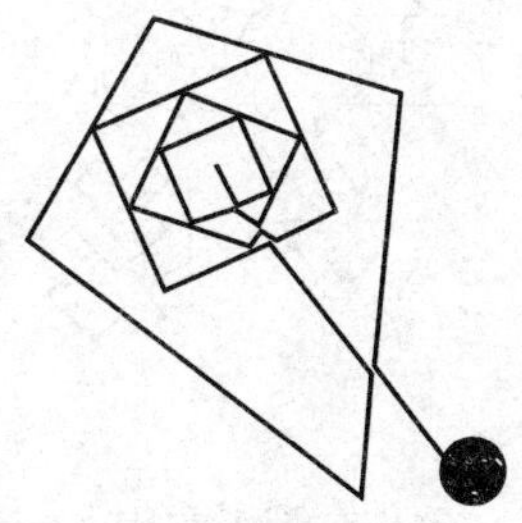

032 把三角形放进正方形

可以放入 5 个等边三角形的最小正方形的边长为 1.803 个单位。

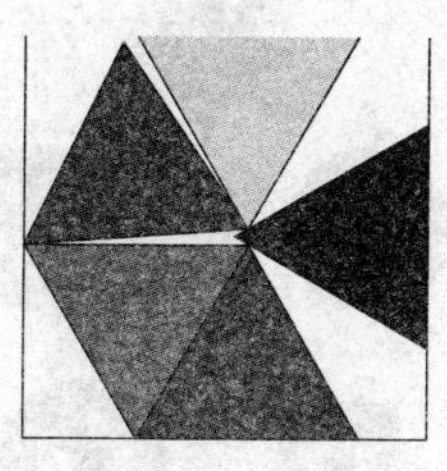

033 棋子

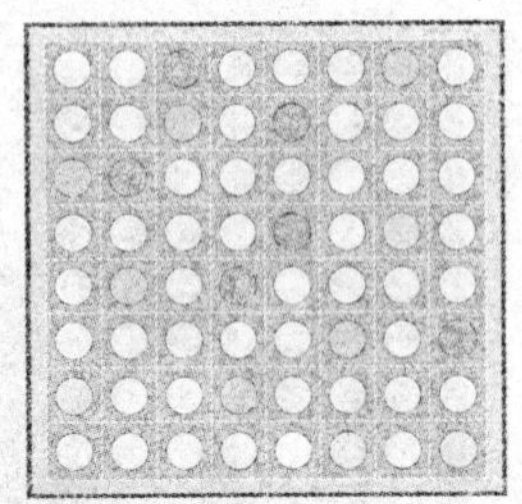

034 双胞离体

沿虚线剪开。

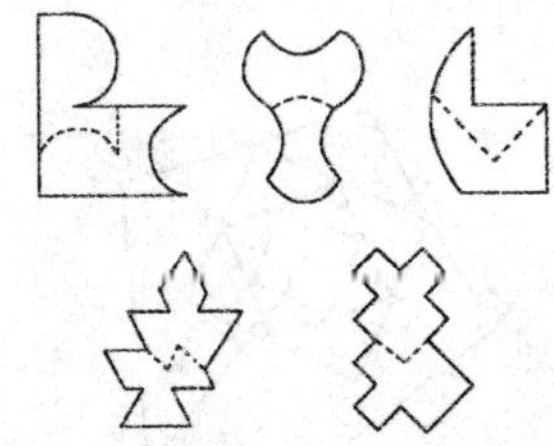

035 看进管子里

盯着图看，这个人一会儿在管子左边，一会儿在管子右边。

036 对称轴

如图所示，有 2 个图案的对称轴不是 8 条。

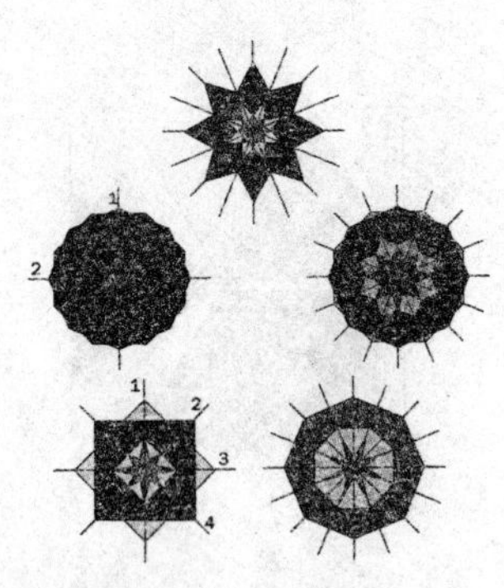

037 有趣的图案

这个图案是由 25 个闭合图形组成的，它们可以分成 3 组。

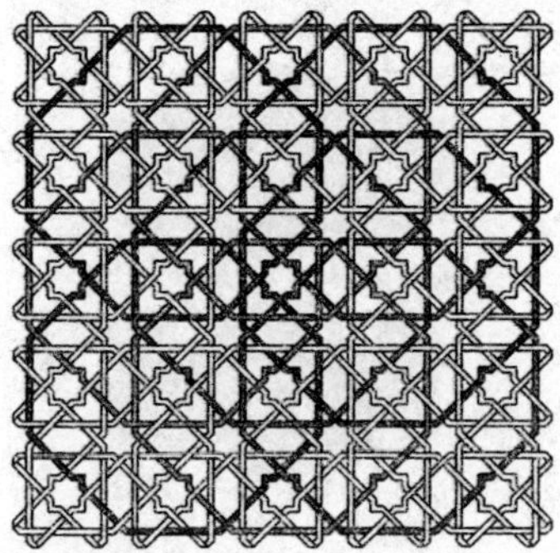

9 个相同的图形

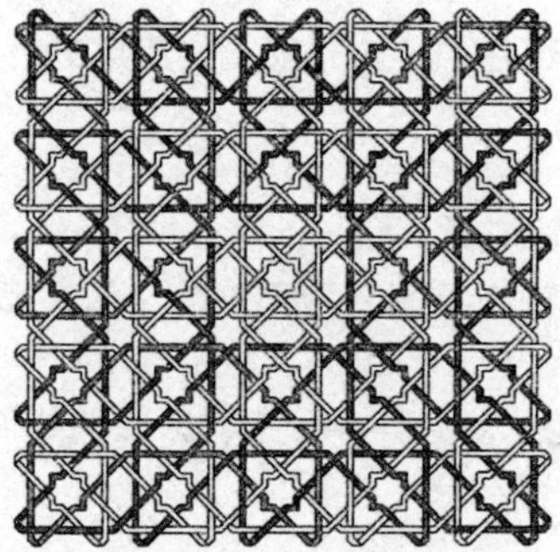

12 个相同的图形，图形方向不同

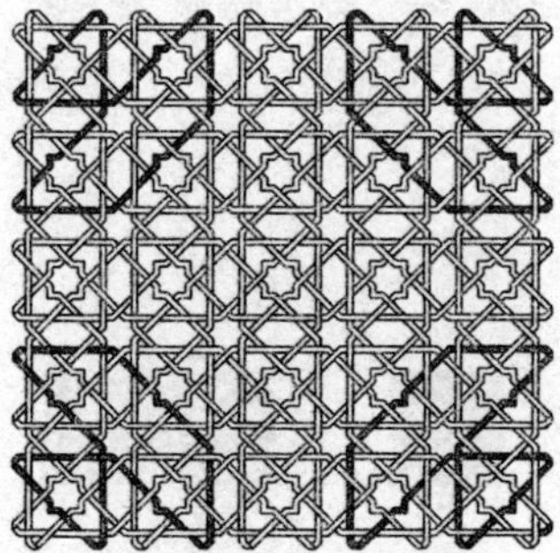

4 个相同的图形，图形方向不同

038 不可思议的鸠尾接合

这两块模型是如图所示接合而成的，因此只要斜向滑动就能将这两块模型分开。

039 动物园的围栏

在面积相等的 3 个围栏中，正方形围栏所用的材料最少。

040 增大体积

你的体重将会变成原来的 8 倍。

如果所有测量长度的工具都变为原来的 2 倍，那么一个二维物体的面积将会增加到原来的 4 倍（2×2）。

同样，一个三维物体的体积将会变成原来的 8 倍（2×2×2），因此重量也会变成原来的 8 倍。

041 视图

另一个黑面。这道题也要画一个展开图来考虑，但你很快会发现自己被捉弄了，那就是因为存在两个黑色的面，黑色面的对面还是一个黑色的面。

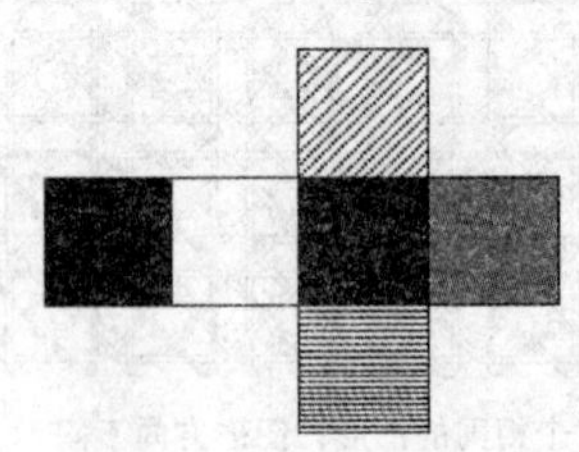

042 胶合板

先沿着图 1 中的虚线切割，然后，将上面那块儿板向下滑动，使它挪到左边，这样便可得到一块儿实心板（如图 2 所示）。

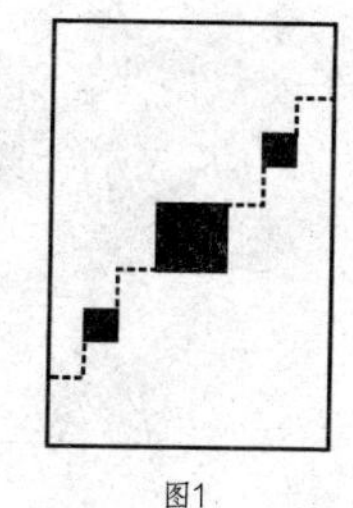

图1

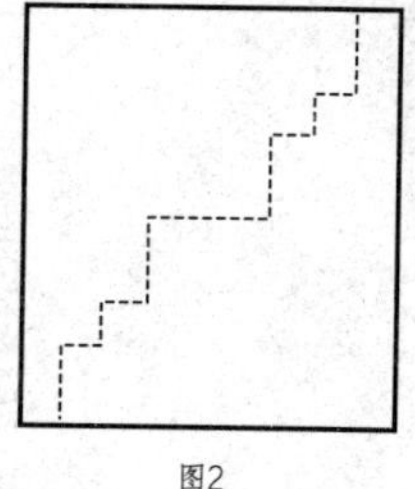

图2

043 游动的鱼

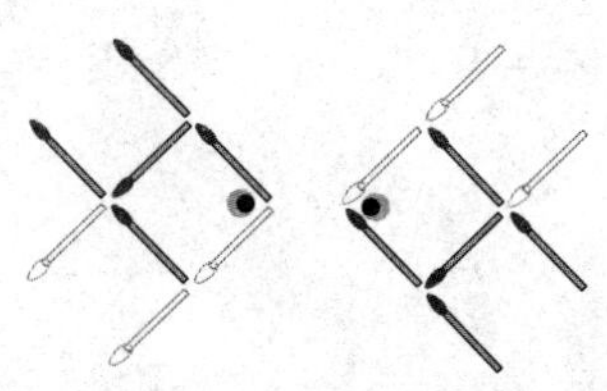

044 隐藏的立方体

问题 1：18 个面。

问题 2：26 个面。

045 隐藏的正五角星

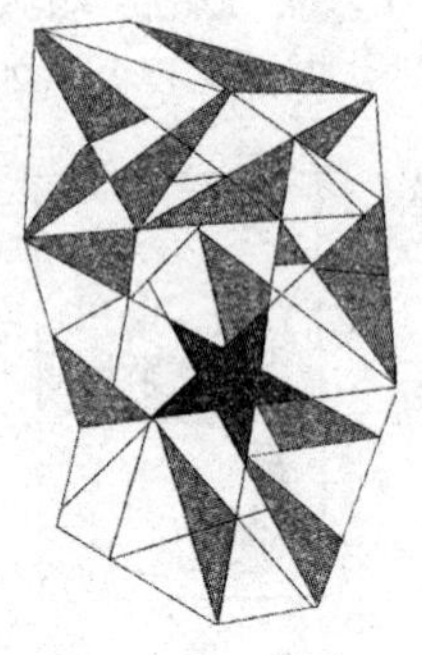

046 圆形拼接

047 火柴正方形

048 油漆窗户

图中的阴影部分就是应漆成蓝色的地方。

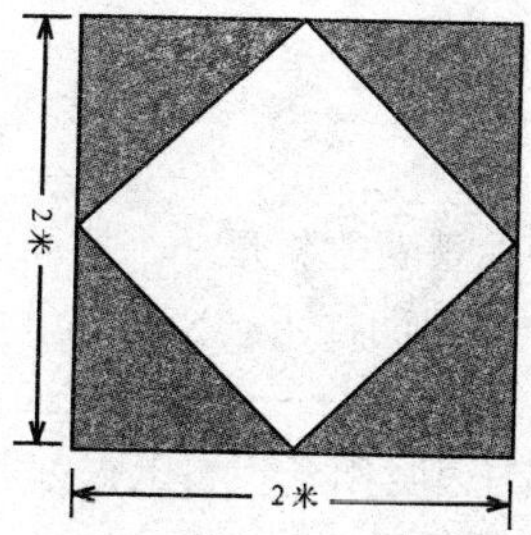

049 彩色铅笔

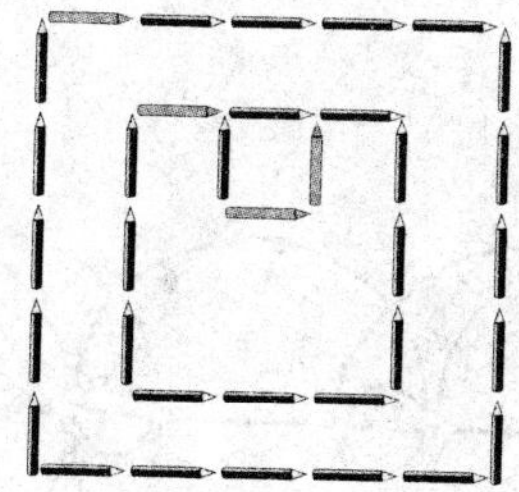

050 地毯

他先沿着图 1 中的虚线把地毯剪开，然后，再把上半部分的地毯向左下方移动，这样，就正好可以与下半部分的地毯合并在一起(参见图2)。然后，将它们缝合成一个完整的正方形地毯。

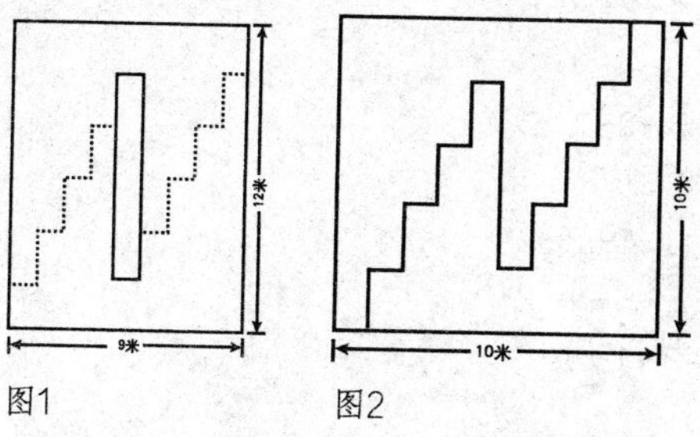

图1　图2

051 凸形还是凹形

如果你将书倒过来，原来的凸形变成了凹形，凹形则变成了凸形。

但是如果你盯着这些图形看，想象光是从下面投过来的，那么你不用将这一页倒过来，也能看到相同的效果。

052 旋转的窗户

如果窗户慢速旋转，你看到的将是一个摆动的长方形！

如果你在窗户的一个洞里面插上一支铅笔，甚至会出现更奇特的现象。有些人会看到铅笔改变了方向——它看上去像是从中间弯折或者扭曲了，并且随着旋转，它的速度和形状看上去都发生了改变。

窗户边的阴影会引起更多复杂的错觉。

在旋转的窗户上附上任何小东西（如小鸟），这个小东西看上去都在与窗户做反方向运动。

053 画线

答案如下：

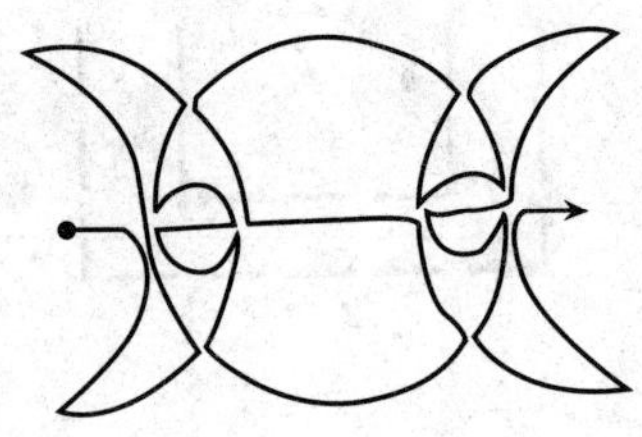

054 有洞的色子立方

看得见的洞（逆时针方向）如下。

上面的洞：4-2-3-6

左边的洞：5-4-1-3

右边的洞：6-2-1-2

看不见的洞如下。

底部的洞：3-5-3-2

左边的洞：5-6-1-2

右边的洞：3-1-3-6

要记住现在的色子都是沿逆时针方向增加点数的。

055 不可能的结构

如图所示。将这种方法重复 6 次，就完成了这个看似不可能的结构。

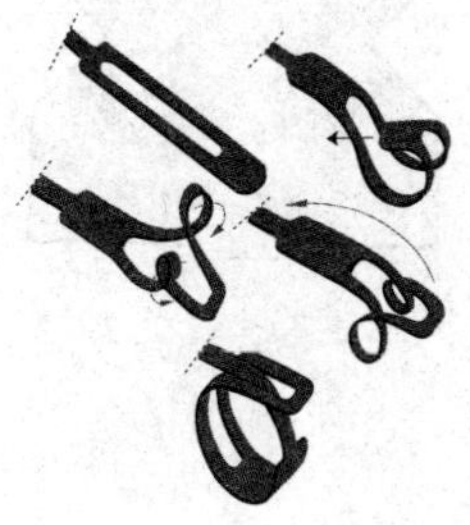

056 狗窝

图中虚线已经将所要移动的火柴说清楚了。

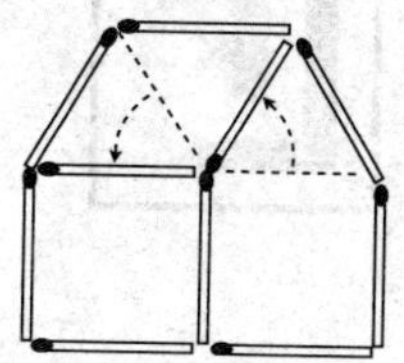

057 锯齿状的五格拼板

如图所示。

058 想象正方形

C。

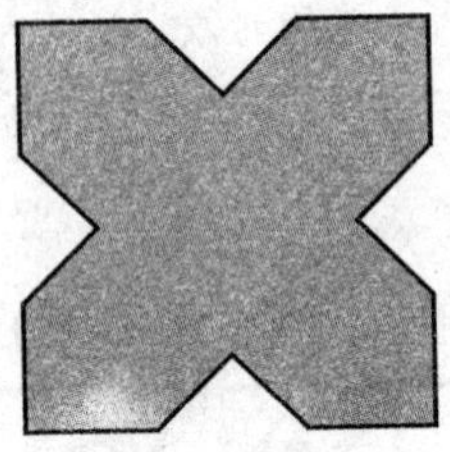

059 最少的五格拼板

如图所示，最少 5 个。

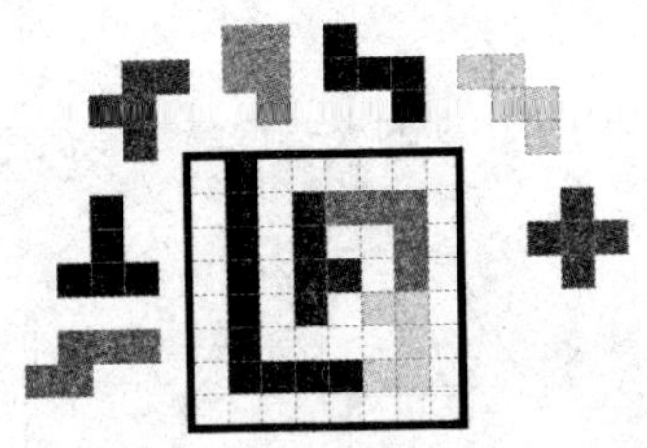

060 钉子

如果将下图中虚线所示的钉子拿走的话，那么将有 5 个小正方形和 1 个大正方形，一共是 6 个。

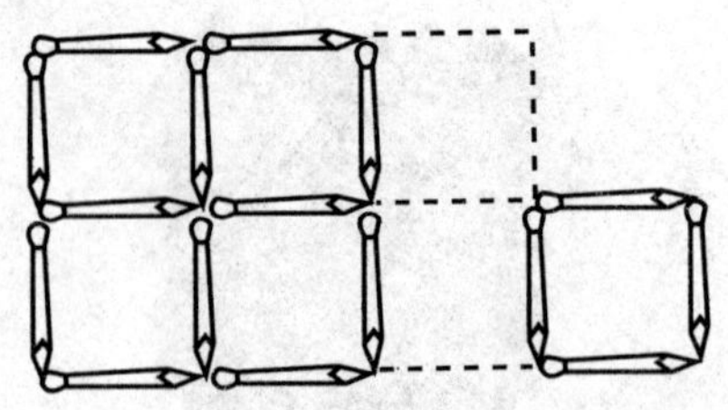

061 曲面镜

男孩看到的自己是右边凸起。

062 木匠活儿

下图展示了胶合板的切法以及 3 块板的拼法。

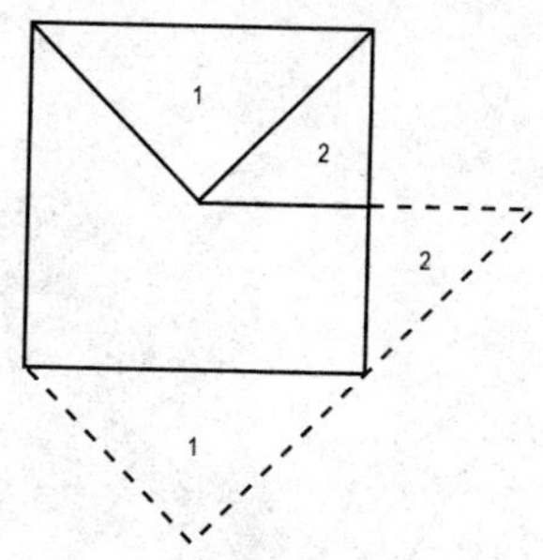

063 转角镜

正常情况下，镜子将物体的镜像左右翻转。以正确角度接合的两面镜子则不会这样。

转角镜中右面的镜子显示的没有左右变化，男孩在镜子中看到的自己和日常生活中别人看到的他是一样的。

这种成像结果是由于左手反转以及前后反转同时作用。

064 线条组成的圆

这是弗雷泽螺旋的一种变形，由一系列同心圆组成。

065 分割牧场

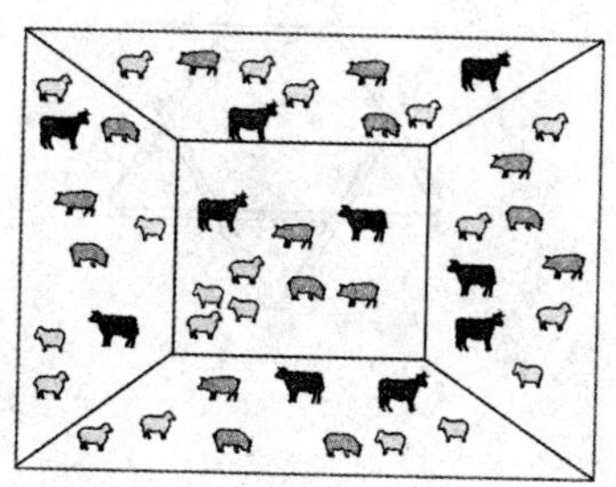

066 飞去来器

该图形可以通过移动拼成一个正六边形，那么我们只要算出这个正六边形的面积，就可以得到原图形的面积。这个正六边形是由 6 个正三角形组成的，如图所示。因此所求图形的面积 =6× 正三角形面积，即：

$$6\times\frac{1}{2}\times 底\times 高=6\times(\frac{1}{2}\times 2\times(\sqrt{2^2-1^2}))=6$$

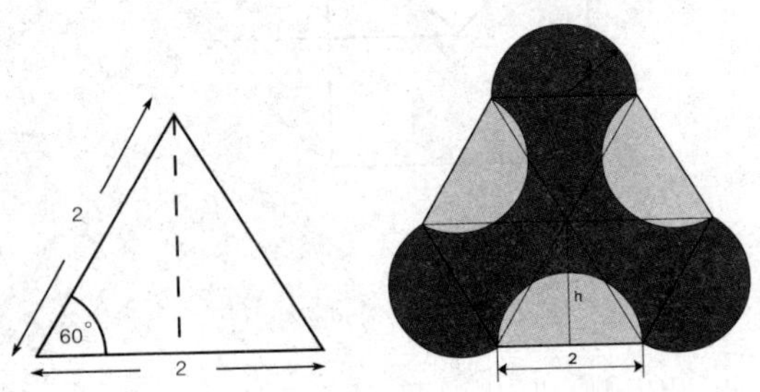

067 雪橇

答案如图所示（下图有 6 个小三角形和 2 个大三角形）。

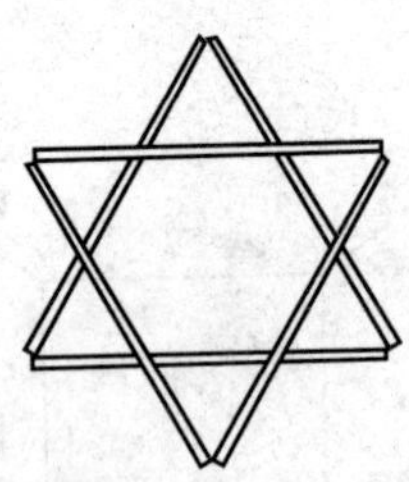

068 房产规划

答案如图：

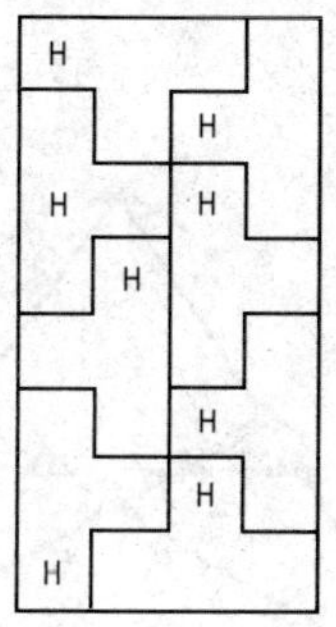

069 三角形与三角形

我们可以利用反向思维。如图所示，将三角形的底边 3 等分，将 2 个等分点分别用记号笔标注。然后从每个等分点出发分别画 4 条线段：2 条线段分别与三角形的两腰平行，一条线段为等分点与三角形上面的顶点的连线，另一条是与另一等分点与三角形顶点连线相平行的线段。然后沿着这些线段把三角形剪开，这样就得到了 12 个三角形。

070 设计图

答案如下图所示：

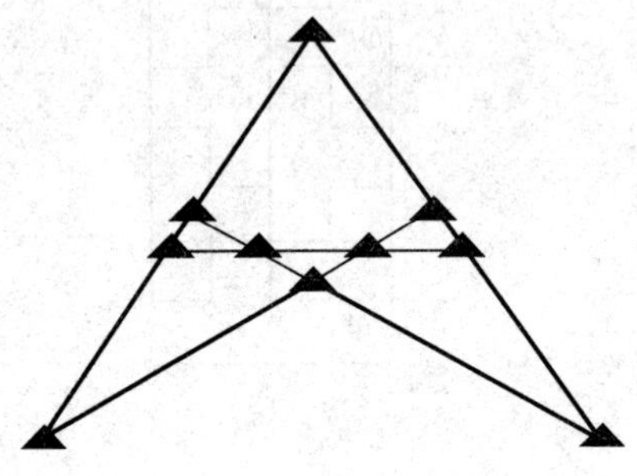

071 最短的六边形

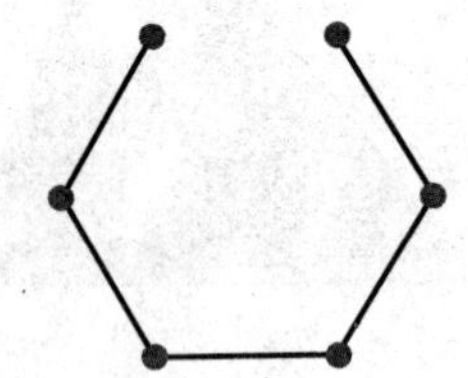

072 果园

答案如下图所示：

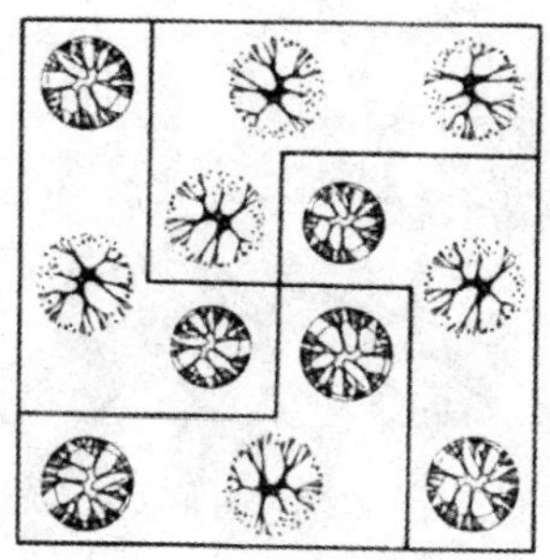

073 分开链条

只需要打开最下面的链子。上面的两根链子并没有连接在一起。

074 黑白正方形

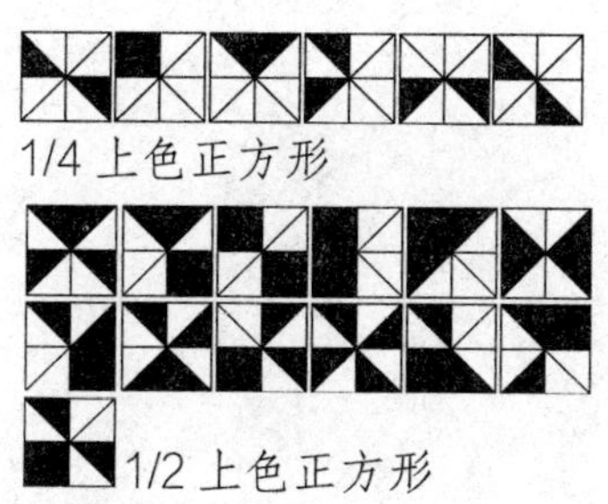

075 第12根木棍

8-10-7-3-2-11-5-4-13-1-6-9-12

076 有几个结

如图所示，绳子拉开之后有 2 个结。

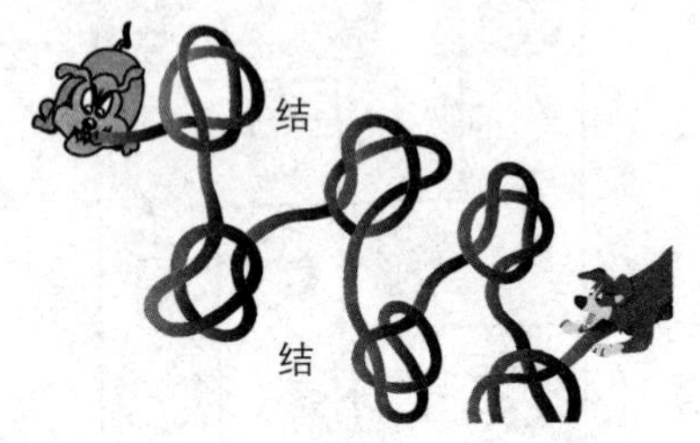

○ 想象力

001 完美六边形

线条如果连接，会形成一个完美的六边形。它们相连的点被三角形掩蔽。当线条在物体后面消失时，视觉系统会延伸线的长度。就如本例中的情况，每根线条的终点好像都在三角形的中心，这导致定线错误。

002 重力降落

假设没有摩擦力和空气阻力，这个球将以不断增加的速度一直下落直到到达地心。在那一点它将开始减速下落到另一边，然后停止，再无休止地重新下落。

003 迷路的企鹅

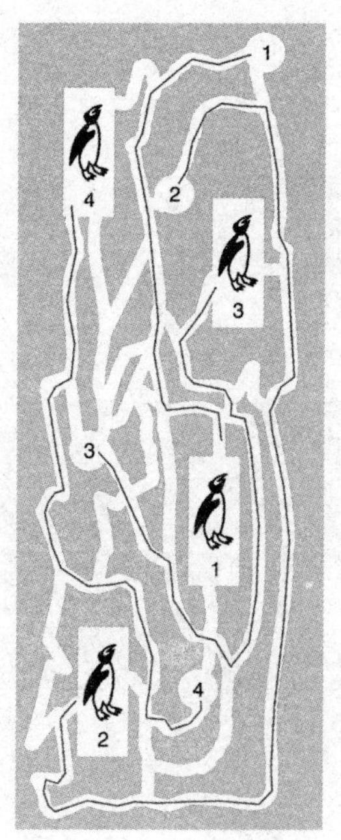

004 折叠纸片

转动纸张，空白面朝上，数字“2”在左上角。然后把右边向左折，这样数字“5”靠着数字“2”。现在，将下半部往上折，结果数字“4”靠着数字“5”。接下来将“4”和“5”向内折，位于数字“6”和“3”之间。最后，把数字“1”和“2”折到小数字堆上，到此一切结束。

005 轮子

是的。左下角的轮子将按逆时针方向转动，而其他的轮子都将按顺时针方向旋转。

006 楼号

在第 121 号大厦和编号开始处之间一共有 120 栋大厦。相应地就有 120 栋编号高于 294 的大厦。因此，街两旁建筑共有 294 + 120=414 栋。

007 7张纸条

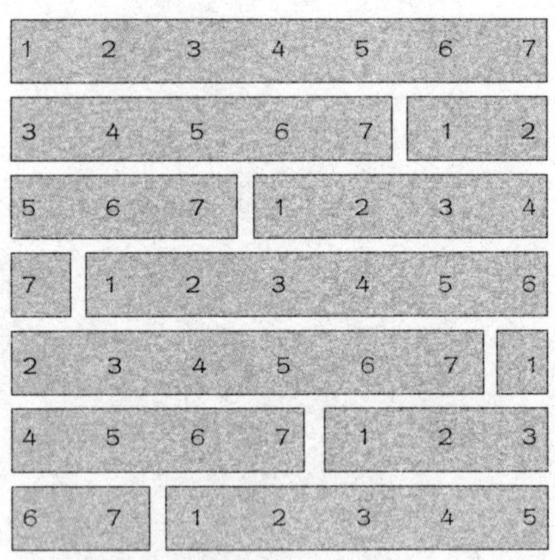

008 分出8个三角形

009 有链条的正方形

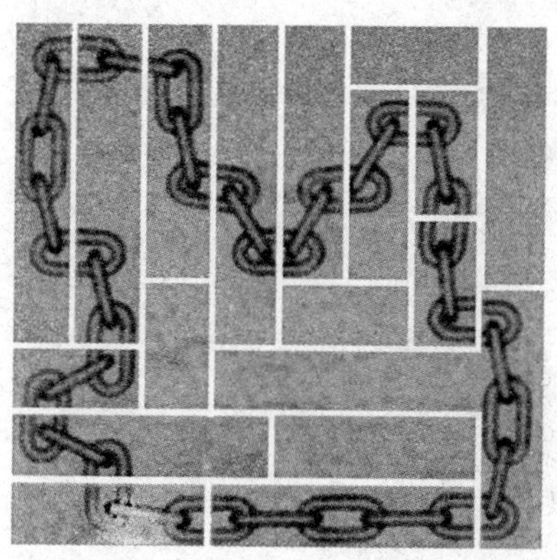

010 吉他弦

如图所示，琴弦开始振动，4 和 6 处的纸片会掉下来。

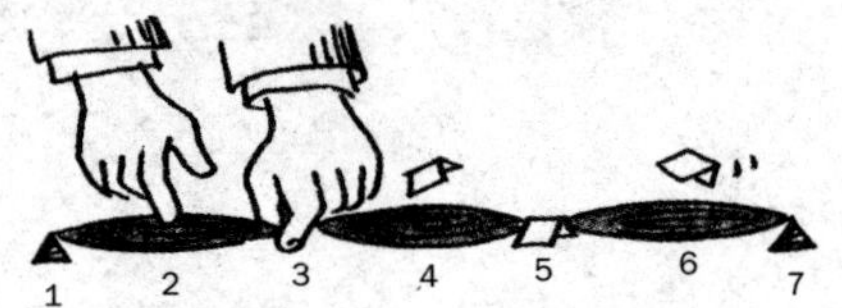

011 剪纸

在纸上沿平行方向剪 3 刀。其中 2 刀要剪在纸的一边，而另一刀则应该剪在纸另一侧的中间（如下图所示）。然后将纸弯折，使得纸的“底面”组成上表面的一半。

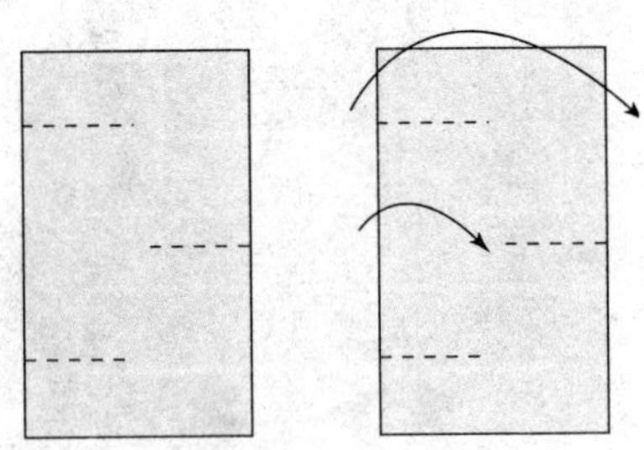

012 改变陶土块

切的动作必须要以如图所示的方法将立方体对切成两半。这样暴露出来的内表面才是六边形。

013 三角形三重唱

三幅画如图所示，分别是tea（茶），eye（眼睛）和bee（蜜蜂）——这些单词大声念出来时都是字母的发音（T，I，B）。

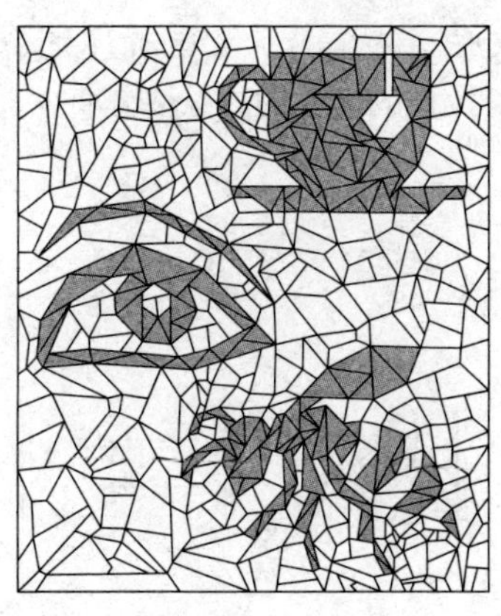

014 裹尸布明星

如图所示

015 灌铅色子

将色子慢慢地放进一杯水中。

灌了铅的色子在下沉的过程中会不断打转，而普通色子则会直接沉下去，不会打转。

016 服务员

把脸靠近这枚硬币，然后吹。如果用力吹，那么风会把这枚硬币从盘子上吹下来。你所挑选的盘子的边缘坡度要小。

017 啤酒搅拌器

答案为：

018 土地裂缝

最先出现的那条裂缝是图中间横向的一条，从正方形左边的中间向右延伸到右边离右上角 1/3 处的地方。

20 世纪 60 年代，美国空军剑桥研究实验室的詹姆士・尼尔根据他多年对泥裂的研究得出结论：泥块之间相交的裂缝是大约垂直的，这些被裂缝分割成的泥块都呈四边形。“几何的约束”在断裂的泥块中间也发挥了作用。所有简单的网状结构的形成都有这样的趋势—— 每 3 条边相聚合在 1 个交叉点。一大片泥地里的多处裂缝显然不是同时形成的，而是先后形成的。因而，当一个裂缝出现时，它通常会挨着已经形成的老的裂缝，与之形成一个交点，从这条交点发射出 3 条射线。要形成发射 4 条射线的交点是不太可能的，因为一般不会出现两个新裂缝同时与老裂缝相交，而且正好向相反的方向发展的情况。

通常要判断两个裂缝中哪个更早出现并不难：更早出现的裂缝会完全穿过这两个裂缝的交点。

019 1吨重的摆

通过很多次轻轻地拉动绳子，这个巨大无比的摆将会慢慢摆动起来，而且摆幅会越来越大一只要轻拉绳子，节奏是可以引起共振的。

如果你用力过大就会将磁铁从摆上拉开，而轻轻地拉动绳子则会带动摆开始有一点摆动。然后把磁铁拿开，让摆自己摆动，当它向你摆过来又要摆回去的时候，再次将带着绳子的磁铁吸在它侧面，并且将绳子往你的方向轻轻拉动。如果你时机把握得好，节奏又把握得非常准的话，摆的摆幅就会逐渐增大。

020 折叠报纸

在实际操作中，不可能将报纸对折 8 次或者更多，不论这张报纸有多大，纸有多薄。

这是因为每对折 1 次，纸的厚度就增加了 1 倍，很快纸就会变得很厚。

折叠 8 次之后，纸的厚度就会是开始时的 256 倍，这样的厚度不可能再次对折，除非你的力气实在是大得惊人。

021 硬币

将手指按在顶部中间那枚硬币上，然后向上滑动，再向左滑。接着，将硬币沿着左列硬币向下滑动。最后滑到底部中间硬币的下面。现在将中间那列硬币整体向上推，直到每行再次有 3 枚硬币。此时，你会发现每一行的硬币或者全是正面或者全是背面。在整个移动的过程当中，你的手只接触了一枚硬币。

022 倒三角形

这个结构理论上你想搭多高都可以。当你将一块积木放在另一块积木上时，只要它的重心在比它低的积木上面，就不会倒。

如果所有的积木都摆放得非常完美，那么整个结构会非常平稳（当然，在实际操作中，即使是很小的误差也会导致积木全部倒塌）。

023 调换

这 22 步依次如下：10 号到 5 号、1 号到 8 号、11 号到 6 号、2 号到 9 号、12 号到 7 号、3 号到 4 号、5 号到 12 号、8 号到 3 号、6 号到 1 号、9 号到 10 号、7 号到 6 号、4 号到 9 号、12 号到 7 号、3 号到 4 号、1 号到 8 号、10 号到 5 号、6 号到 1 号、9 号到 10 号、7 号到 2 号、4 号到 11 号、8 号到 3 号、5 号到 12 号。

024 T时代

025 把5个正方形拼起来

5 个边长为 1 个单位的正方形可以拼入一个边长是 2.707 个单位的正方形内。

下面是 n（n 从 1 到 10）个单位正方形可以拼入的最小面积的正方

形。k 是正方形的边长。

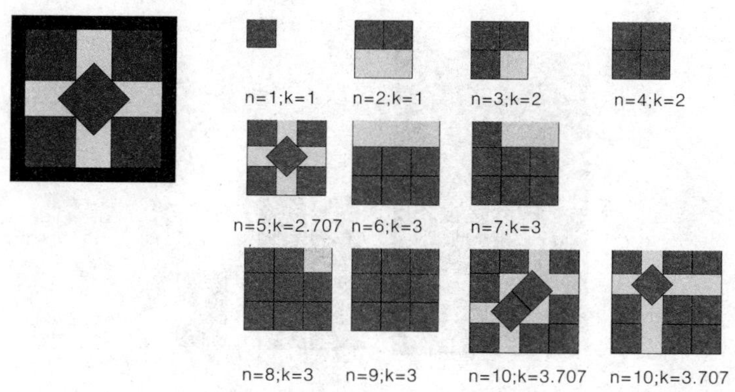

026 警察

这名警察的巡视路线已经展示在下面。

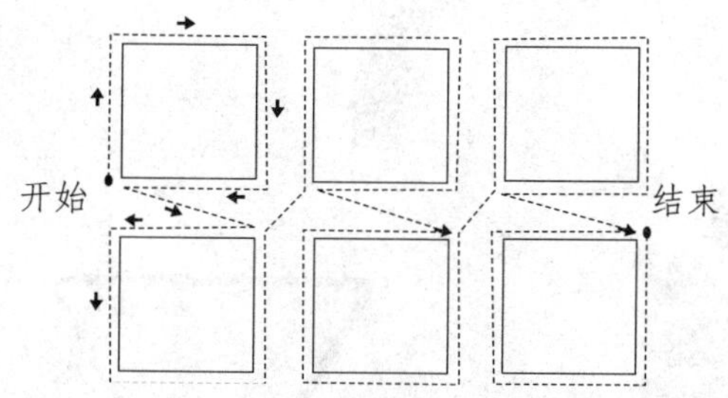

027 分巧克力

如图所示切6次。

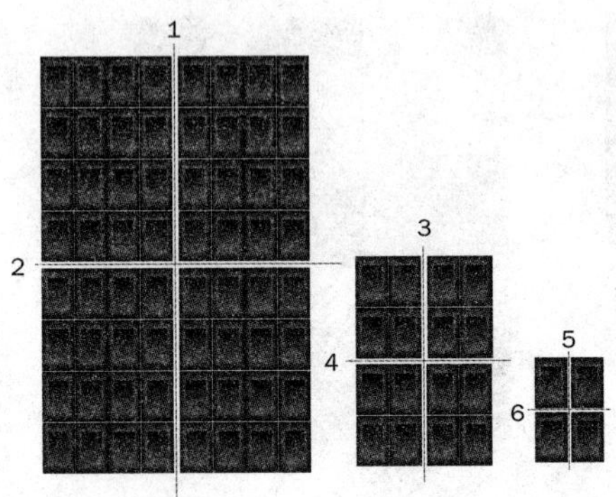

028 警察

在世纪之交，奥拉夫·安德森成为一名小城市的警察。他的任务是在这个城市的6个正方形街区巡逻。作为一个尽职尽责的警察，他希望在巡逻时找出一条可以一次把所有街区都巡视完的路线。答案中已经给出了他所制定的路线，我们认为那可能是最好的路线。但是，或许也有一条更便捷的路线，所以在查看答案之前请你来试一试。

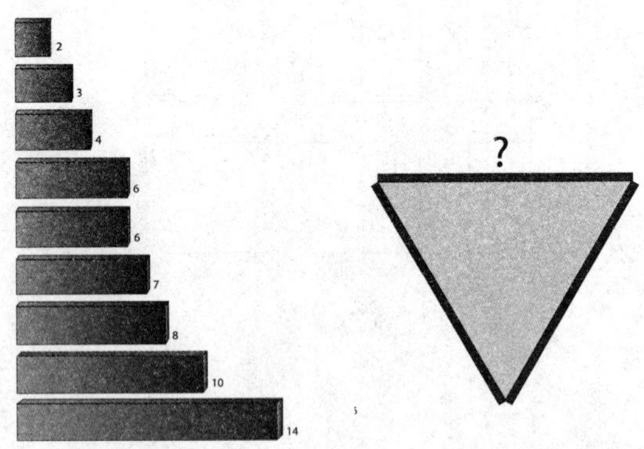

029 三角形七巧板

030 射击

这 3 只鸟是 25，6，19。

031 贪玩的蜗牛

下图只是正确答案的一种，你可以发挥你的想象帮蜗牛设计路线。

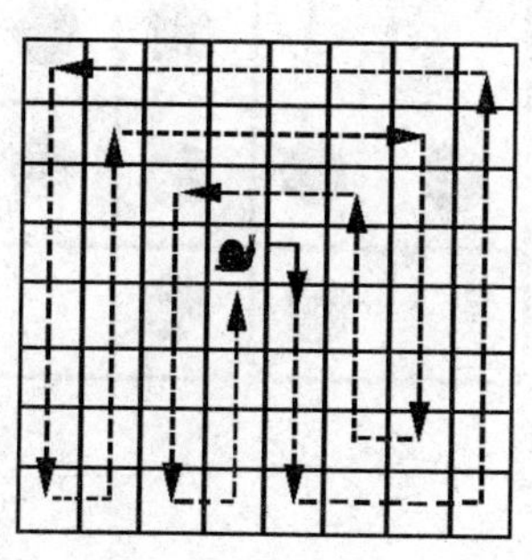

032 运动空间

1. 篮球
2. 击剑
3. 高尔夫球
4. 美式撞球
5. 举重
6. 保龄球
7. 网球
8. 排球
9. 足球
10. 棒球
11. 箭术
12. 花样滑冰

033 筹码

我们知道，可以排列的最多的偶数行列数是16。下图就是所要画出的棋盘。你也可以把筹码放在与之不同的地方，但是结果要保持一致。

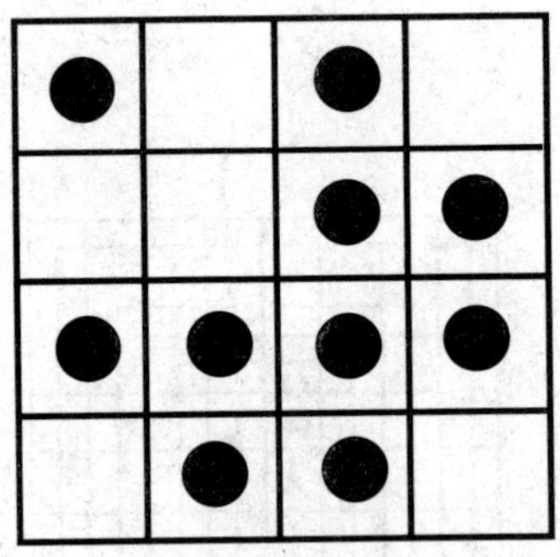

034 蜂巢迷宫

035 数字游戏板

036 猫和老鼠

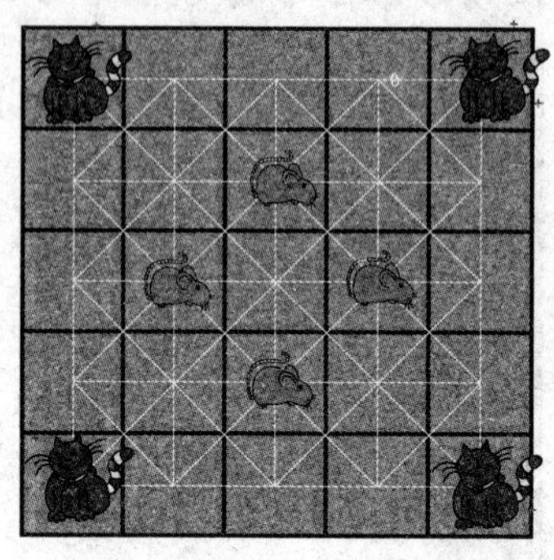

037 迷岛

如图所示：

038 撞球

答案如下图所示：

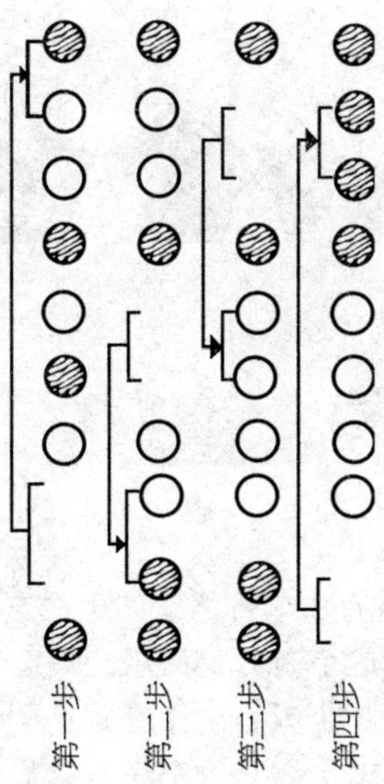

039 拼接三角形

根据我们前面已经学过的组合的公式，从 6 根棍子里选出 3 根来有 20 种可能性：

Crn=6!/（3!×3!）

=6×5×4×3×2×1/（3×2×1）×（3×2×1）=720/（6×6）=20 种

但是并不是这 20 种组合都能够拼成三角形，根据“三角形两边之和必须大于第三边”的定理，3-4-7、3-4-8、3-5-8 这 3 种组合都不能组成三角形。

所以用这些棍子一共可以拼出 17 个三角形。

040 瓶塞

将水缓缓倒入玻璃杯，直到水平面几乎超出杯口。如果你小心操作的话，液体的表面张力会使水稍稍凸起。这样，瓶塞便会向上“漂”，直到杯子的中央并停留在那里。

041 多边形变星形

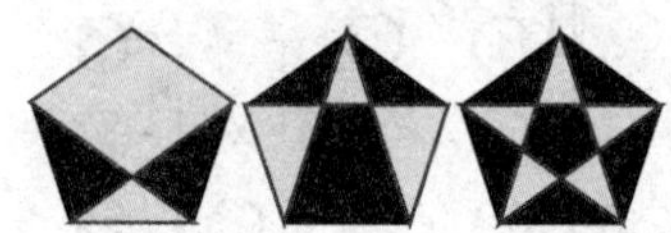

042 青蛙和王子

秘密就是看阴影处的 8 个方格。如果在这 8 个方格中，青蛙和王子的数量都是偶数，那么这个游戏最终就是有解的，反之则无解。原因是每一次翻动都会影响到 0 个或者 2 个在这个阴影区域的方格，而不可能只影响到奇数个方格。由于你必须在游戏最后让这个区域内所有的方格都显示为同一个图案，因此如果这个区域内青蛙或王子的数量是奇数，那么这个游戏是不可能完成的。根据这个规律，题 1 无解，题 2 有解。

043 酒店的门

最后序号为 1，4 和 9 的门是关着的。如图所示：只有当 N 能被 K 整除时，第 N 扇门在第 K 步变化，一扇门最终是开着的还是关着与它变化的次数有关（这个次数是奇数还是偶数）。平方数与其他数的奇偶性不同。非平方数有偶数个约数（如 10 的约数有 1，2，5，10 这 4 个），但是平方数有奇数个约数（如 9 的约数只有 1，3，9 这 3 个）。现在你知道结果为什么如此了吧。

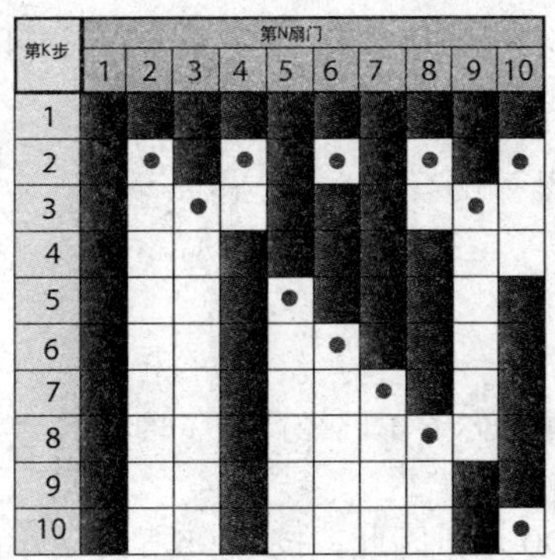

044 拼整圆

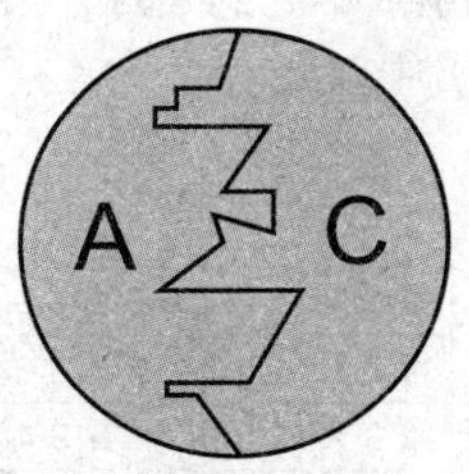

045 加法

答案如下：

1 + 2 + 3 + 4 + 5 + 6 + 7 + 8×9 = 100

046 数一数

当然，你可以一个一个地数，但这样花的时间绝对要超过规定的时间。

你可以先迅速分析一下图形的特点，然后再算出点的数量，这样做能够大大提高速度。

每个小正方形中有 10 个点，一共有 9 个这样的小正方形，因此一共是 90 个点。

047 组合正方形

2. B D E。

048 打喷嚏

当你睁开眼睛时你的车已经行驶了约 9.03 米，因此你刚刚避免了一场交通事故。

1 千米 = 1000 米，因此，按照 65 千米 / 小时的速度你在半秒钟内行驶了（65×1000）/（60× 60×2）≈ 9.03 米，从而可以避免这场交通事故。

049 遛狗

首先看这 9 个女孩可能组成多少对。

如右边表格所示，一共可以组成 36 对。

每一组 3 人中可以组成不同的 3 对，因此每一对在 12 组（每天 3 组，一共 4 天）中只会出现一次。下面是符合条件的分组方法：

第 1 天	1 2 3	4 5 6	7 8 9
第 2 天	1 4 7	2 5 8	3 6 9
第 3 天	1 5 9	2 6 3	3 4 8
第 4 天	1 6 8	2 4 9	3 5 7

1－2
1－3
1－4
1－5
1－6
1－7
1－8
1－9
2－3
2－4
2－5
2－6
2－7
2－8
2－9
3－4
3－5
3－6
3－7
3－8
3－9
4－5
4－6
4－7
4－8
4－9
5－6
5－7
5－8
5－9
6－7
6－8
6－9
7－8
7－9
8－9

050 瓶子

尽管在解决这个难题时有人会采取将纸带猛拉出来的办法，但是，由于这个纸带太长，因而无法使用。必须先在距离硬币 2 厘米的地方把纸带从一边剪断或者撕掉才行。然后，抓住纸带的另一端，并且拉直使纸带与瓶子成 90 度。然后，伸出另一只手的食指，快速击打手与瓶子之间纸带的中间位置。这样，纸带就会快速从硬币下面脱出，同时由于速度很快，硬币会依靠惯性而不至于从瓶子的顶部掉落。

051 数独

2	5	6	9	1	7	3	8	4
1	7	8	3	4	5	9	6	2
9	3	4	8	6	2	7	1	5
5	6	2	7	3	1	8	4	9
3	9	7	2	8	4	1	5	6
4	8	1	5	9	6	2	7	3
6	4	9	1	2	8	5	3	7
7	1	3	6	5	9	4	2	8
8	2	5	4	7	3	6	9	1

052 拇指结

这个结会被打开。

053 数学题

$$\begin{array}{r} 173 \\ +\quad 4 \\ \hline 177 \end{array} \qquad \begin{array}{r} 85 \\ +\ 92 \\ \hline 177 \end{array}$$

054 动物园

答案如下图：

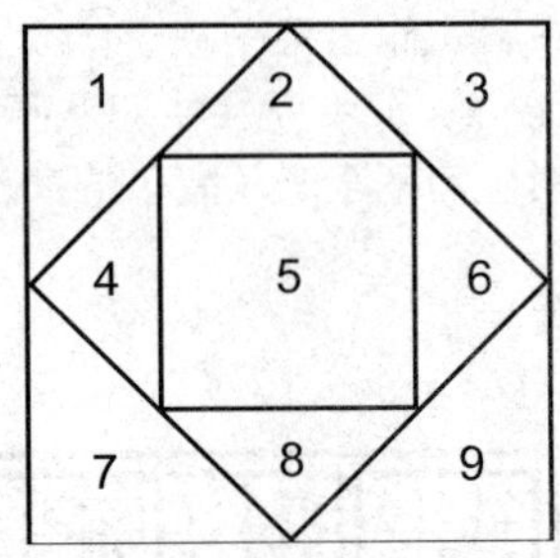

055 赛车

巴里、伯特、哈利和拉里骑车行走 1 千米所用的时间分别是 1/6 小时、1/9 小时、1/12 小时和 1/15 小时。所以，他们行走一圈所用的时间就分别是 1/18 小时、1/27 小时、1/36 小时和 1/45 小时。这样，他们会在 1/9 小时之后第一次相遇（即$6\frac{2}{3}$分钟）。4 乘以分钟得出$26\frac{2}{3}$分钟，即他们第 4 次相遇所需要的时间。

056 动物散步

如图所示，从左下角开始，沿逆时针方向旋转，每 4 个动物的顺序相同。

057 四边形组成的十二边形

我们应该观察得出来，在这个十二边形外边再加上 12 个图片，又会使它成为更大的十二边形，而且这样的图片可以使这个平面无限扩展开去。

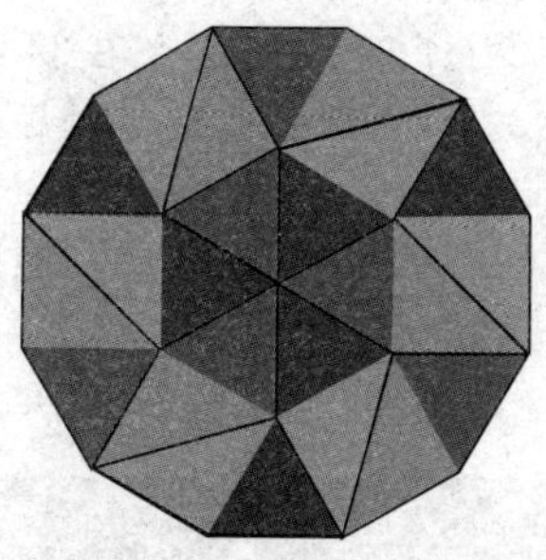

058 封口

12。

○ 创造力

001 清理仓库

这里以“3R4”表示“把 3 号板条箱往右推 4 格”。同理，“L”表示向左，“U”表示向上，“D”表示向下。

首先，1U1，然后 4D1 和 L3。现在我们需要通过 7U1、6U1 和 5D1 来腾出一些空间。先 4R4 然后 U4，4 号板条箱就移出去了。用同样的方法移出 3 号、1 号和 2 号板条箱。5D2，L3，R4，然后 U4，5 号就被推出去了。6 号和 7 号也用同样的方法推出去。

002 割据

003 十字架

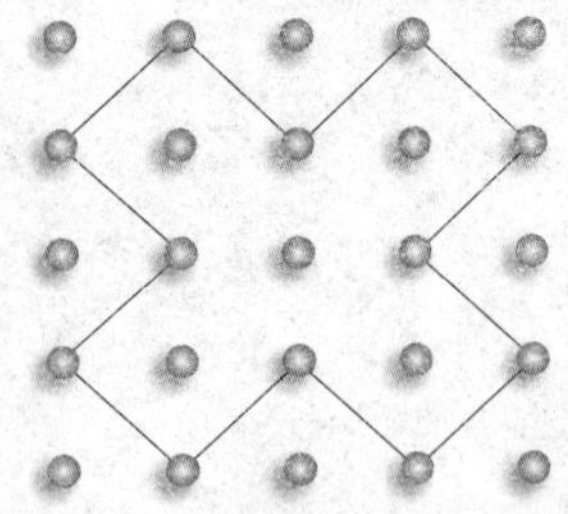

004 大小梯形

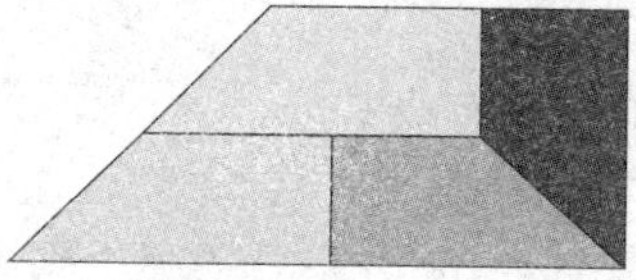

005 组合六角星

006 闭合多边形

007 给3个盒子称重

有 6 种方法排列这 3 个盒子。

称 1 次可以在 2 种可能性中决定 1 个，称 2 次可以在 4 种可能性中选择，称 3 次可以在 8 种可能性中选择……

一般来说，“n”次称重将最多决定 2n 种可能性。

在我们的题目中：

称重 1 次：A>B

称重 2 次：A<C

结论：C>A>B，问题就解决了。

如果第 2 步称重时：A>C

那么就有两种可能性：A>B>C 或 A>C>B，所以我们需要第 3 次称重来比较 B 和 C。所以最多需要称 3 次。

008 图案上色

这两个图形都只需要用 3 种颜色上色，如下图所示。

009 4点连出正方形

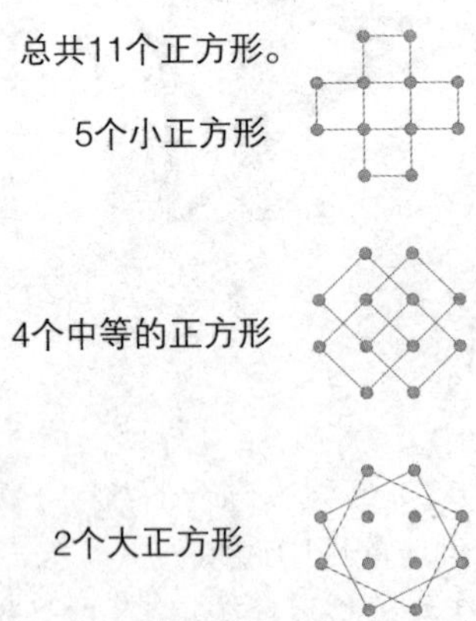

010 分割L形

显然 L 形结构可以被分割成任何 3 的倍数。对于 n=4 的答案是一个经典的难题，这时被分割成的部分是和原来一样的 L 形结构。这种图形被称作“两栖图形”，因为每个这种图形都可以被继续分割成 4 个部分。

对于 n = 2 的答案是另外一种图形（同 n = 8，32，128，512，…的答案类似）。

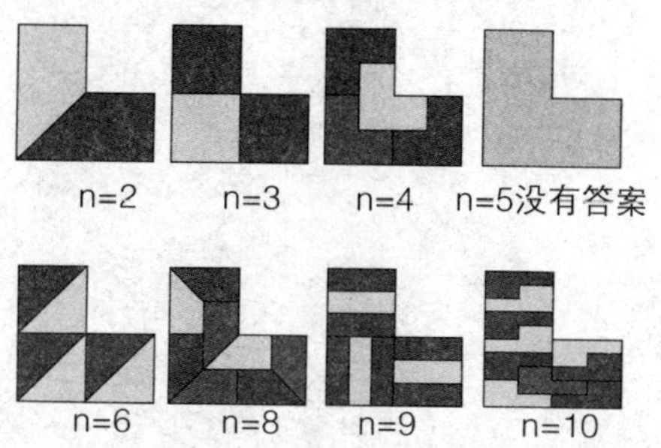

011 去电影院

一边描画一边计算还得同时牢记所走的每一步——这肯定会让你疯掉的。要想选择简单的方法，那就只需要写下连接每一个圆圈的可能的路线。到达下一个圆圈的路线的数字和与之相连接的路线的总和是相等的。

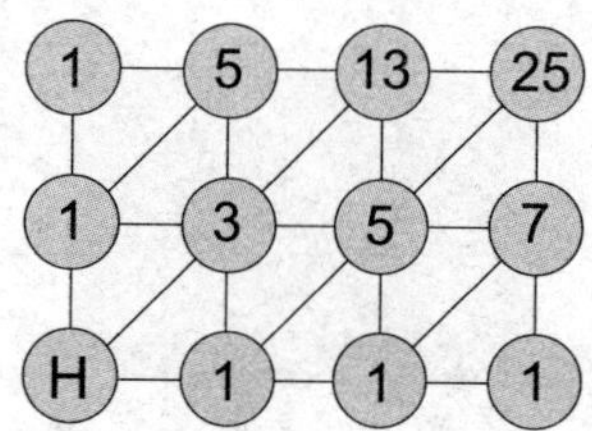

012 守卫

图 1 表明 5 名看守人的行进路线，图 2 则是伦敦塔看守人走遍所有

房间的路线，他只要拐 16 次弯就够了。

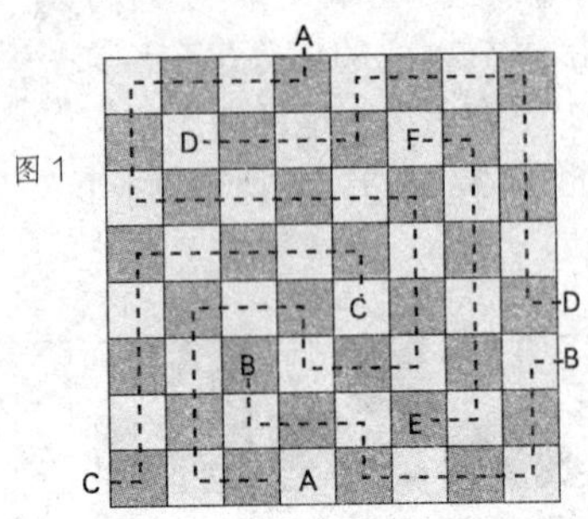

图 1

013 建造桥梁

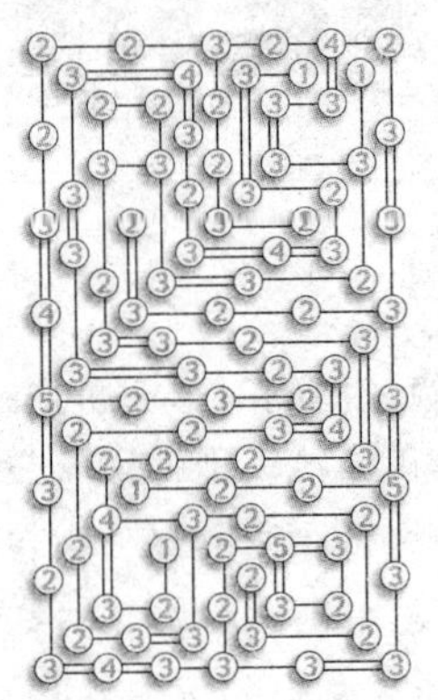

014 直线分符号

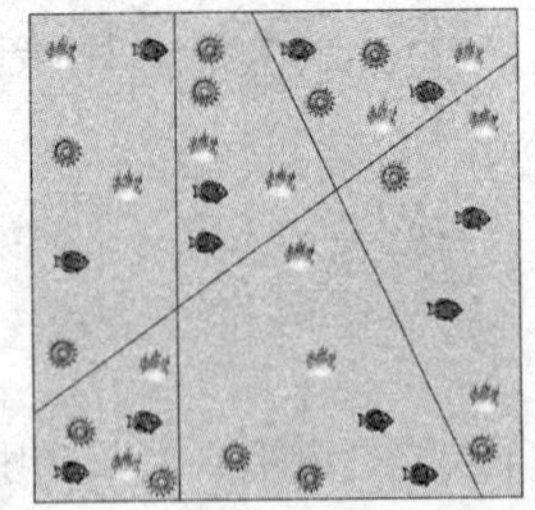

015 网格覆盖

原图上的 5 个缺失方块中有 4 个是在棋盘的灰色块上的，只有 1 个在白色块上。

因此当你放进去最大数目的多米诺骨牌之后，无论你如何摆放骨牌，总会有 3 个白色块没有被覆盖上。

寻找解法的途径之一是在棋盘上画出车（国际象棋棋子）的路线图，并用骨牌覆盖它的路线。

016 小钉板

在 3×3 的小钉板上不论你怎么连，最终总是会剩下 2 个钉子；而在 5×5 的小钉板上则总是会剩下 1 个钉子；在 4×4 的板上可以把 16 个钉子全部用上，1 个也不剩。如图所示。

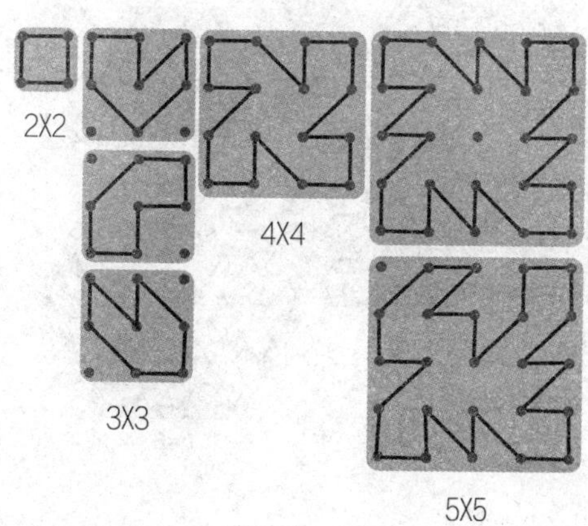

017 三角形钉板

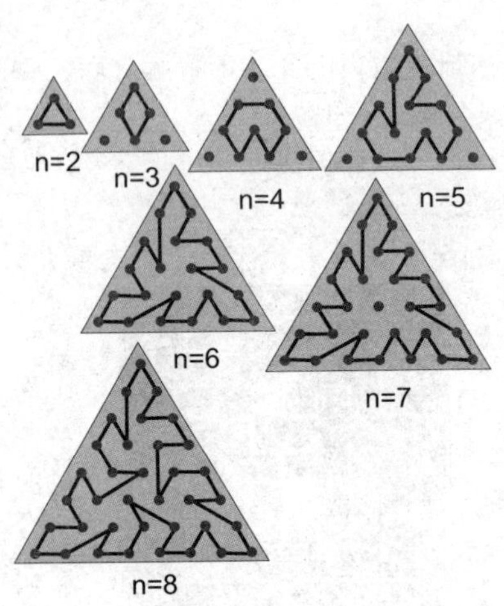

018 正六边形钉板

答案如图所示。当然还有其他的可能性。

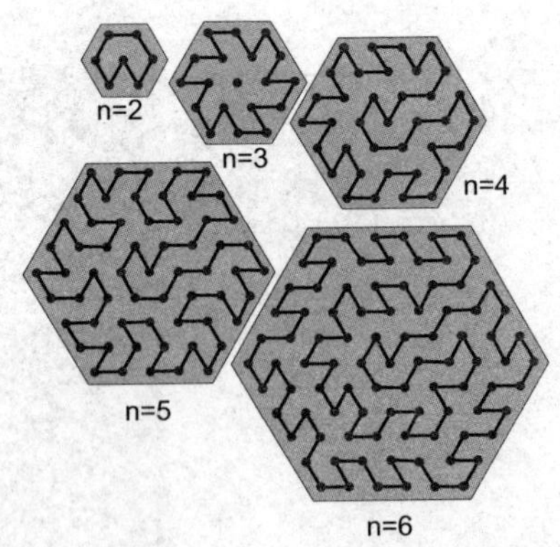

019 连接四边形

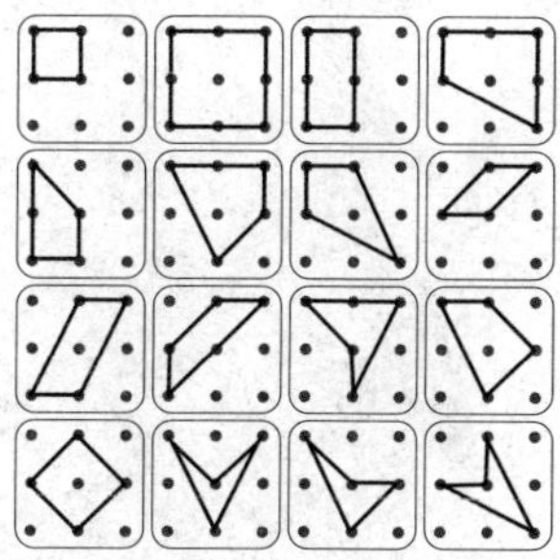

020 4等分钉板

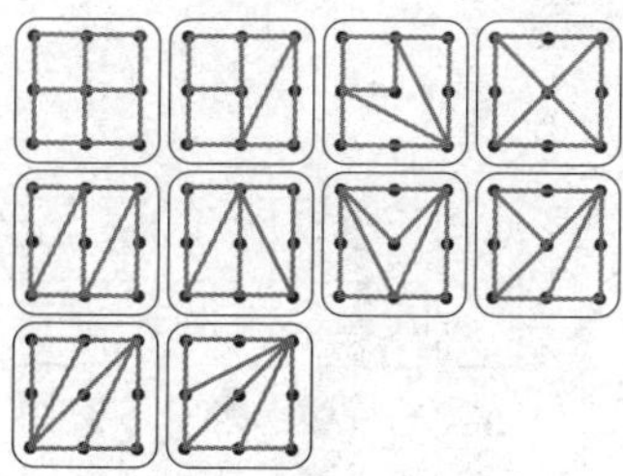

021 分割

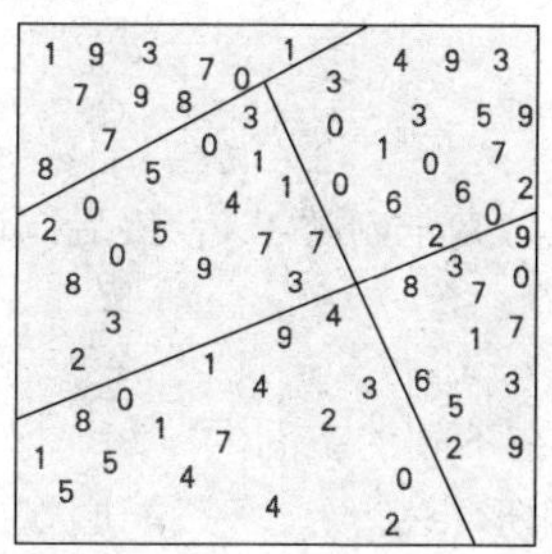

022 连接数字

答案如图所示。原题中选的是 18 个点，其实用任意多少个点都可以做到把它们从头到尾相连，且连线不相交。

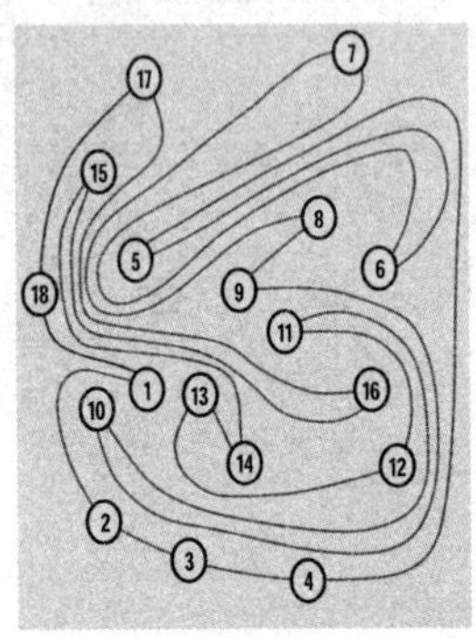

023 分割矩阵

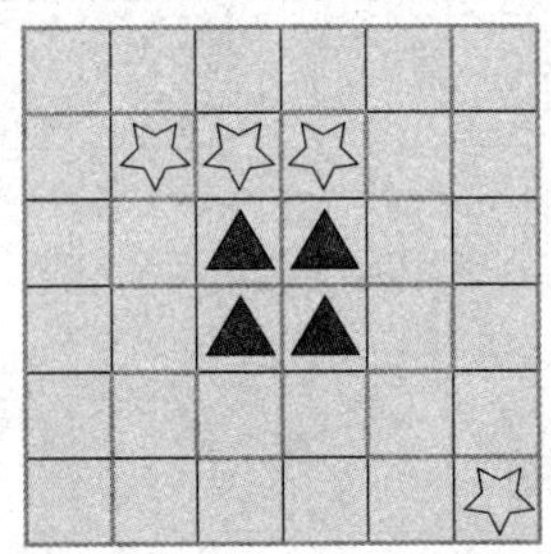

024 走出迷宫的捷径

往东走到“3”，再往东南走到“3”，最后向南走出迷宫。

025 瓢虫

如图，19 个瓢虫分别在不同的空间内。

一般情况下，3 个三角形相交，最多只能形成 19 个独立的空间。

这一点很容易证明。2个三角形相交，最多能够形成7个独立的空间，而第3个三角形的每一条边最多能够与4条直线相交，因此它能够与前2个三角形再形成12个新的空间，所以加起来就是19个空间。

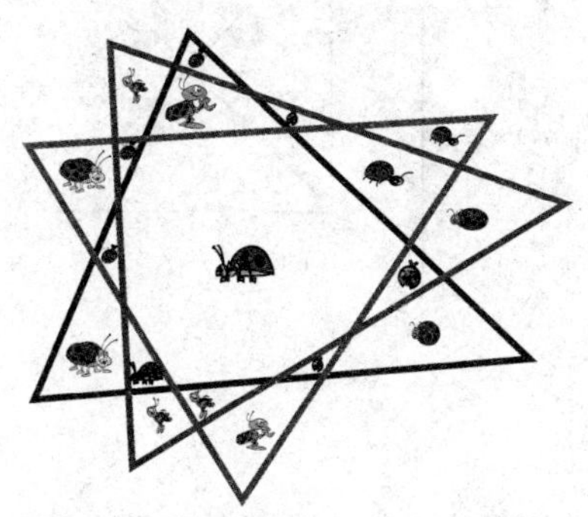

026 不可比的长方形

可以用不可比的长方形拼出的最小的长方形的长和宽的比例是22 ： 13。

这7个不可比的长方形的总面积是286个单位正方形。由于这个长方形的一边最小是18，而且边长必须是整数，就出现2种可能的比例 :26 ： 11和22 ： 13。

我们这道题目的答案是第2种，它有更小的周长。

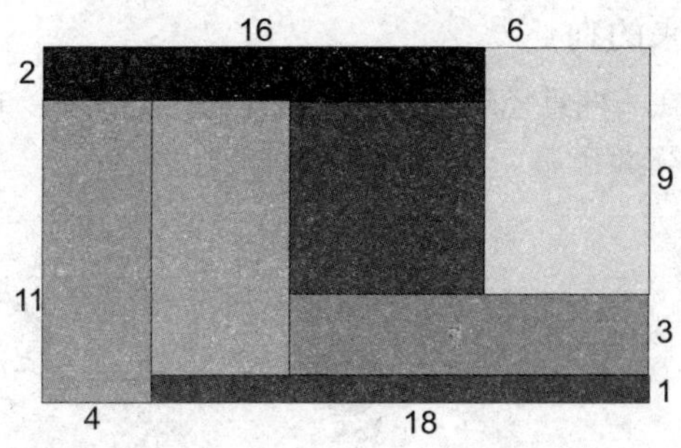

027 连接圆点

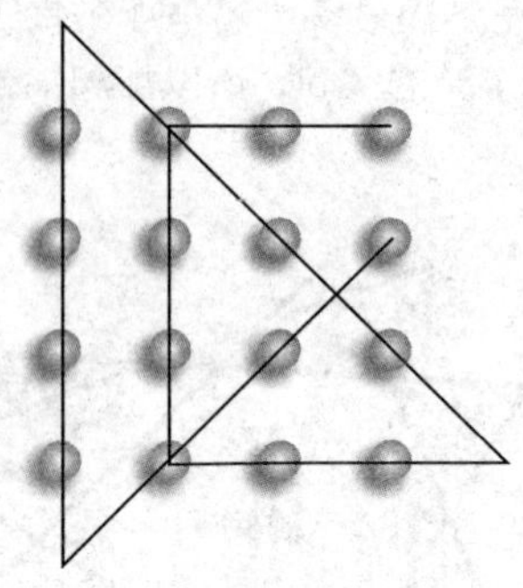

028 逻辑图框

4。不同数字代表叠加在一起的四边形的个数。

029 潜水艇拦截网

如果将这个网剪成两半，最少需要8步。从A开始，由上向下剪到B。

030 被拴起来的狗

菲多被拴在一棵直径超过2米的粗壮的树上，所以菲多可以绕着树转一个直径为22米的圆，如图所示。

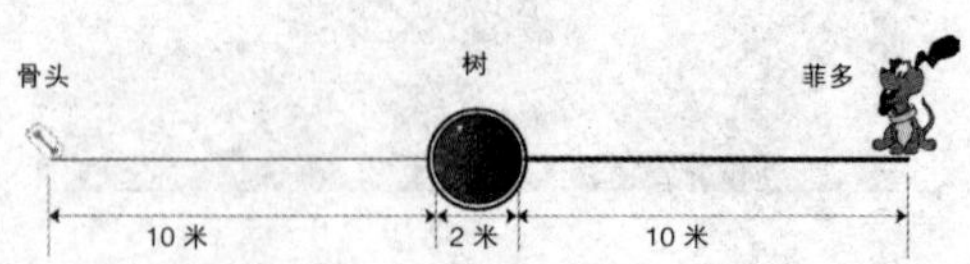

031 3个色子

总点数从 3 到 18 共有 6×6×6 = 216 种结果。

出现总点数为 7 共有 15 种方法（7%），出现总点数 10 共有 27 种方法（12.5%）。

032 滚动色子

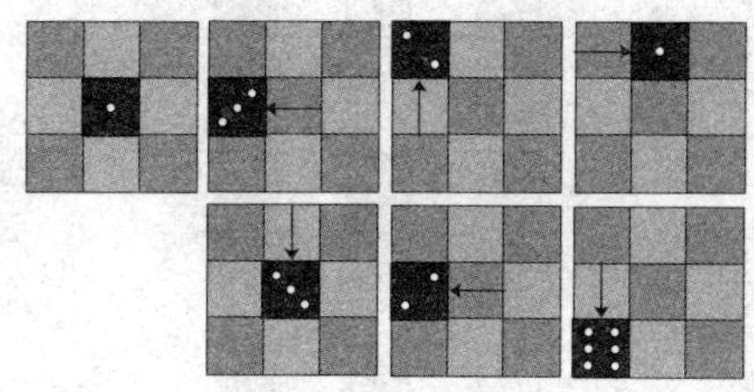

033 数字

答案如下：

```
      147
25 ⟌ 3675
     25
     117
     100
      175
      175
```

解题步骤：（1）因为第一个值与除数相同，所以，商的第一个值就是 1；（2）根据第二次减运算，可用得知字母 E 肯定是 0，因为字母 FC 原搬不动地放在了下面；

（3）字母 FEE 所代表的数字就是 100，而这正是字母 AB 与第二个值的乘积，除数不可以是 0，所以当一个两位数和一个一位数相乘能够得出 100 的只有 25，因此，商的第二个值就是 4；（4）在第一次减运算中，字母 GH 与 25 的差是 11，所以，字母 GH 肯定是 36；（5）最后一个字母 C 就是 7、8 或者 9。如果你每一个都试一试，那么，你很快就可以发现只有 7 最合适。

034 弄混了的帽子

如图所示，3 个帽子弄混一共有 6 种情况。

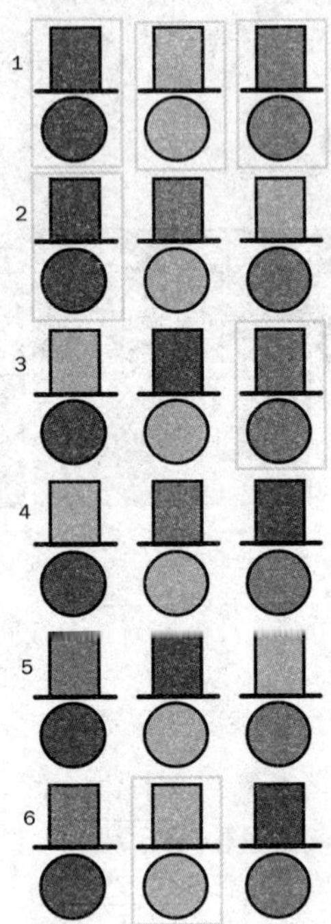

而其中的 4 种情况都有一个人拿到他自己的帽子。因此至少有一个人拿到自己帽子的概率应该是 4/6，也就是约为 67%，这个概率还是很高的。

035 射击

先算出 3 个人全都没有射中的概率为：

3/5 × 3/5 × 7/10 ≈ 0.252

因此，3 人中至少有 1 人射中的概率为 1-0.252=0.748。

036 生日问题

很多人都猜至少需要 150 人或者更多，但计算的结果可能会让你大吃一惊。

只需要随机抽取 23 个人，其中有 2 个人生日相同的概率就已经大于 50% 了。分析如下：2 个人生日不相同的概率为 364/365，第 1 个人可以是任何一天过生日，而第 2 个人可以是剩下的 364 天里的任何一天过生日，第 3 个人可以在剩下的 363 天内的任何一天过生日，因此 3 个人的生日都不同的概率为（364/365）×（363/365）。

随着生日不同的概率减小，生日相同的概率增加。如果你能够想到：23 个人的不同组合可以组成 253 对，那么 23 人就能够满足题目的要求了。

（364/365）×（363/365）×…×[（365−n+1）/365]，其中 n 指总人数。

n 个人的不同组合可以组成的对数等于：

n ×（n − 1）/ 2 也就等于 1 + 2 + 3 + … +（n−1）

037 随机走步

根据概率论，在 n 次以后，这个人与中间起点的距离平均为$\sqrt{n}$。也就是说，掷 36 次硬币以后，他离起点的距离应该是 6 格。

这个人最终回到起点的概率是 100%，尽管这需要经历相当长的时间。

038 幸运的嘉年华转盘

你在游戏中希望赢到的钱数被称为期望值，每种期望值都可以通过概率计算出来。

我们可以将题目中每一个转盘的期望值都计算出来。

转盘 1：（16×50%）+（4×50%）=10

转盘 2：（10×50%）+（8×25%）+（20×25%）=12

转盘 3：（4×50%）+（8×25%）+（16×12.5%）+（28×12.5%）=9.5

转盘 4：（14×25%）+（6×25%）+（6×25%）+（16×25%）=10.5

转盘 5：（0×25%）+（20× 50%）+（10×25%）=12.5

因此，选择转盘 5 最好。你每拿出 10 美元，平均都能赢回 12.5 美元。

039 最牢固的门

D。因为三角形的 3 条边长确定后，它的形状不易改变，而 D 是由 2 个三角形组成的。

040 长方形与格子

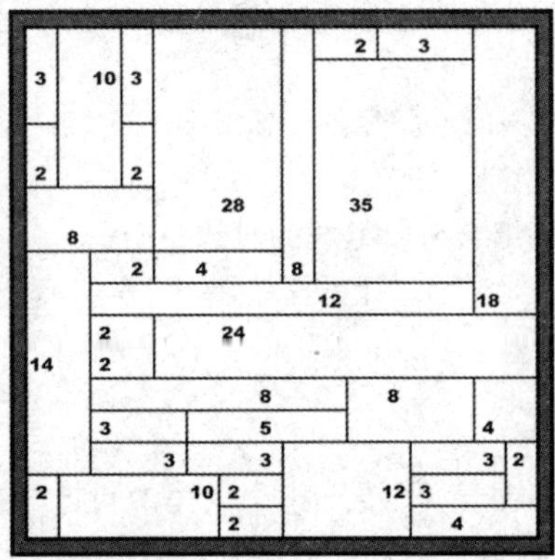

041 箭头与数字

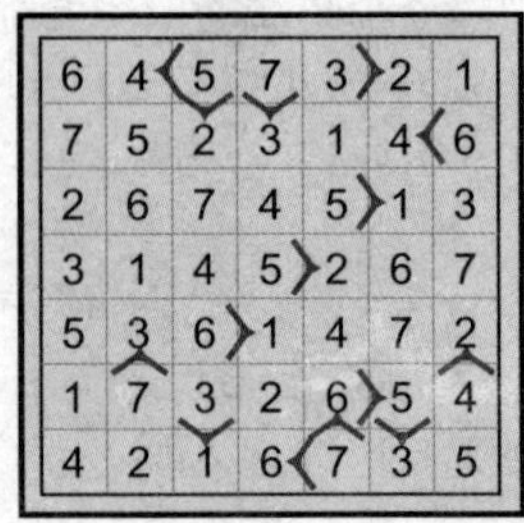

042 对角线和闭合图形

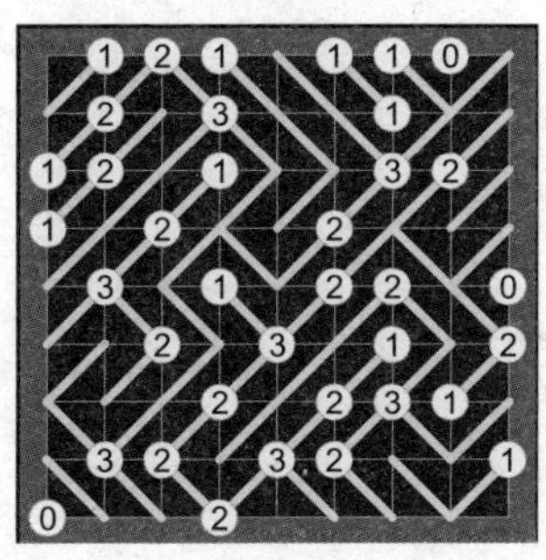

043 掷硬币

每次掷一枚硬币会有 2 种可能的结果。根据下面的基本计算规律，掷 5 次硬币一共有 2×2×2×2×2 = 25=32 种结果。

基本计算规律：

2 个独立的任务，如果第 1 个任务有 M 种可能的完成方法，第 2 个任务有 N 种可能的完成方法，那么 2 个任务就会有 M×N 种不同的完成方法。

044 长条图案

045 只剩一点

有可能。那个人像图中所显示的一样画直线，所以留下一个“点”字。

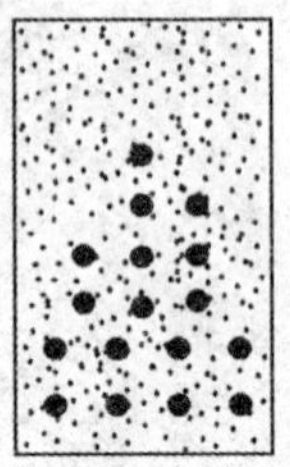

046 打乱的多米诺骨牌

047 林地

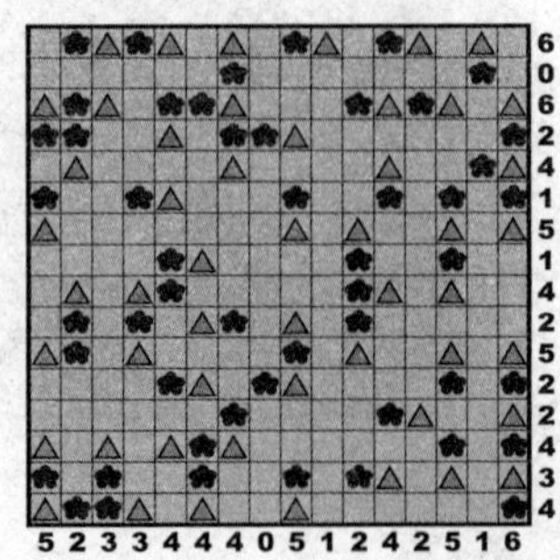

048 填字母

049 表格中的星星

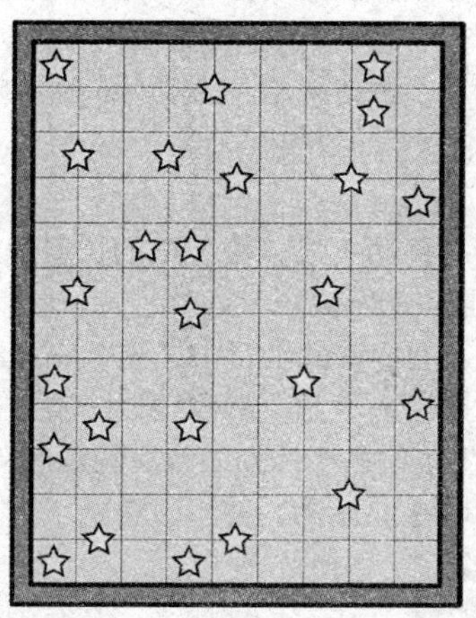

050 面粉

在第一层，将布袋（7）和（2）交换，这样就得到单个布袋数字（2）和两位数字（78），两个数相乘结果为156。接着，把第三行的单个布袋（5）与中间那行的布袋（9）交换，这样，中间那行数字就是156。然后，将布袋（9）与第三行两位数中的布袋（4）交换，这样，布袋（4）移到右边成为单个布袋。这时，第三行的数字为（39）和（4），相乘的结果为 156。总共移动了 5 步就把这个题完成了。

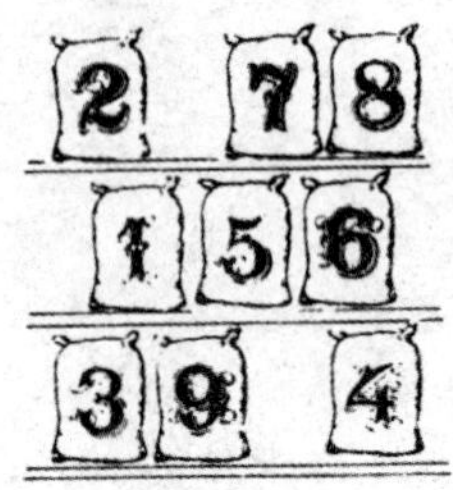

051 醉汉走步

我们无法说出这个醉汉最终会走到哪里去，不过我们可以知道某一个特定次数之后这个人与起点的距离大概为多少。

在很多次的无规则走动之后，醉汉与起点的距离 D 等于每移动一步的直线距离 L 乘以总次数 n 的平方根：

$D=L\times\sqrt{n}$

例如，如果每次移动 1 格，每 1 格的长度为 1，那么掷 100 次硬币以后，这个醉汉与起点的距离应该为 10。

在这种平面内、有界限的题目中，这个醉汉最终会回到起点。

而如果这个方阵没有界限，醉汉可以一直往外走，那么情况就非常复杂了，由此也产生了很多迄今尚未解决的难题和理论。

而如果这个方阵是立体的，要求沿着这个立体图形上有限的方格走步，那情况就更复杂了。

但是出人意料的是，在这种情况下，在有限的时间内，一个随机走步的人一定会走到任意一个交叉点。

举一个现实生活中的例子，在一栋大楼或者一座迷宫里，无论走廊以及回廊多么复杂，你最终一定会在一段有限的时间内走到一个出口。

但是如果格子的数量是无限的，那就不可能了。

○ 计算力

001 数字筛选

不管你如何选择这10个数，总是可以从中找出两组数字之和相等。

在这10个数里选择一个数一共有10种方法，选择一组两个数有(10×9)÷(2×1)种方法，选择3个数有(10×9×8)÷(3×2×1)种方法，一直到选择9个数有(10×9×8×7×6×5×4×3×2)÷(9×8×7×6×5×4×3×2×1)＝10种方法。加起来一共是1012种方法。

一组数之和最小的可能是1，最大的可能是945(一组里面包含10个数，从90到99)。

也就是说，选择数字一共有1012种方法，各组的和只有944种可能。

因此，如果从小于100的整数中任意选出10个数，总是可以从中找出两组，使其数字和相等。

002 数字1到9

32547891×6＝195287346

003 旋转的物体

如图所示。

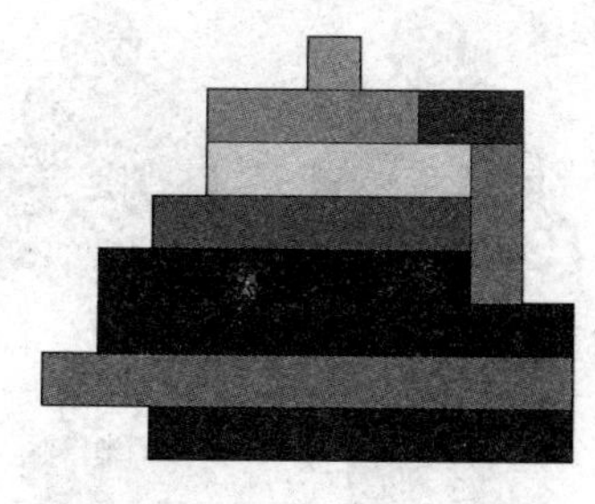

004 轨道错觉

开普勒当然是正确的，但是这幅图里面的椭圆并不是真正的椭圆。在它中部其实是两条平行的直线，但是在其他射线的干扰下，整个图形看上去像一个椭圆。

005 三维形数

四面体数：1，4，10，20，35，56，84。这类数的公式是1/6n(n+1)(n+2)。

正方锥数：1，5，14，30，55，91，140。这类数的公式是1/6n(n+1)(2n+1)。

其中n代表小球所在的层的序数，而每一层的小球数等于n2。

最底层小球的数量是100。整个四面体的小球数是

1+4+9+16+25+36+49+64+81+100=385。

006 小猪存钱罐

1/4x+1/5x+1/6x=37

x=60

因此我一共有60美元。

007 三角形数

查尔斯·W.崔格发现了136种不同的排列方法。如图所示是其中4种。

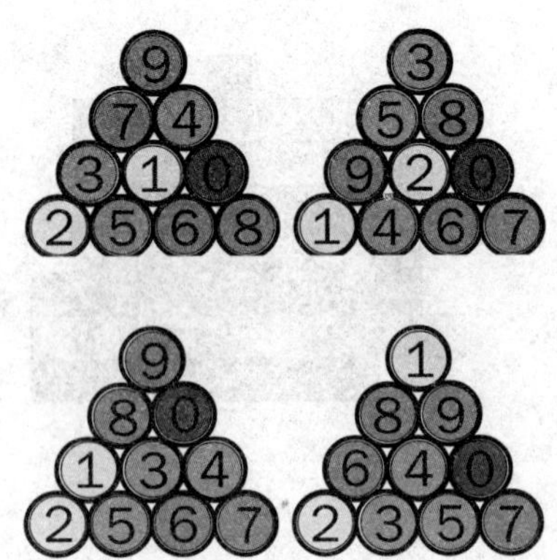

008 加减

如图所示。

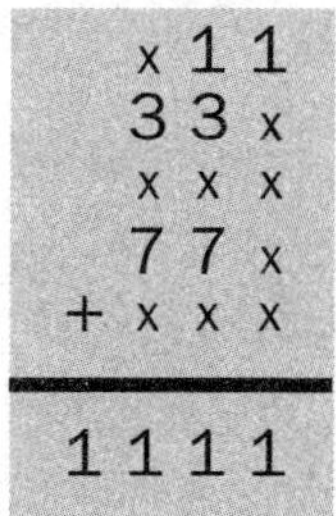

009 8个“8”

如图所示。

010 总和为15

735 564 6432 4326

26331 3318 3183

3741

011 和与差

有 2 种解法：

4 1 5 4 1 3 2 5 3 2

4 5 1 4 3 1 2 3 5 2

将这两组解的数字倒过来就构成了另外 2 种解法。

012 数列

数列里面去掉了所有的平方数。

013 自创数

如果我们系统地来试着往第 1 个格子里放一个数字，从“9”试起，我们就会发现“9”不可以，因为剩下的格子里放不下 9 个“0”了；“8”和“7”一样，如图所示。而将“6”放入的时候我们会发现这就是正确的答案。

014 凯普瑞卡变幻

你最终总是会得到 6174。

D. R. 凯普瑞卡发现了这一类的数，因此这一类数都以他的名字命名，称为凯普瑞卡数。

如果你以一个两位数开始，结果会是这 5 个数中的一个：9，81，63，27，45。

如果是以三位数开始，结果会是 495。

015 计算器故障

一位数有 3 个：1，2，3

两位数有 3^2 个，也就是 9 个：11，12，13，21，22，23，31，32，33

三位数有 3^3 个，也就是 27 个：111，112，113，121，122，123，131，132，133，211，212，213，221，222，223，231，232，233，311，312，313，321，322，323，331，332，333。

一共可以组成 39 个数。即 $3+3^2+3^3=39$

016 回文

希望你没有花太多的力气就得到一个回文顺序的数。

马丁 · 加德纳得出结论：在前 10000 个数中，只有 251 个在 23 步以内不能得到回文顺序的数。曾经有一个猜想说：“所有的数最终都会得到一个回文顺序的数。”但是这个猜想后来被证明是错误的。

在前 100000 个数中，有 5996 个数从来都不会得到回文顺序的数，第一个这样的数是 196。

017 4个“4”

20以内唯一不能被这样展开的数是19。如果允许用阶乘的话，也可以把它展开(4!=1×2×3×4)，19可以被写成4! − 4 − (4/4)。

018 4个数

$4 + 4^2 + 4^3 + 4^4 = 340$

019 足球

这个足球的1/4重50克，那么这个足球的总重量就是200克。

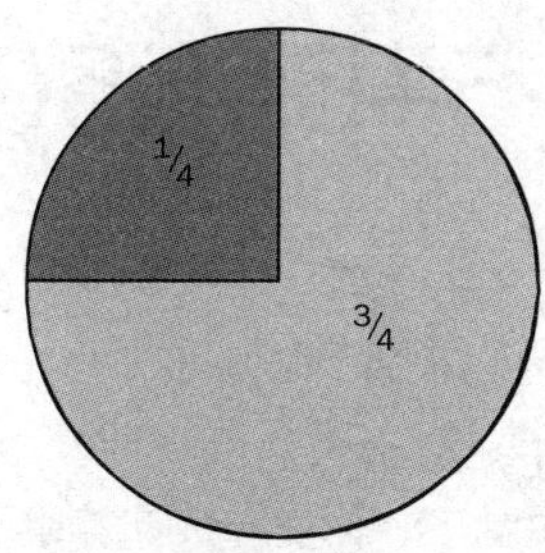

020 数学式子

如下面所示。

$$10^2 = 100$$

$$10$$

$$\frac{10}{\sqrt{10}} = 3.1622777$$

$$\sqrt{10} = 3.1622777$$

$$\frac{\sqrt{10}}{10} = 0.3162277$$

$$\frac{1}{\sqrt{10}} = 0.3162277$$

$$\frac{1}{10\sqrt{10}} = 0.0316227$$

021 11的一半

罗马数字中的 11 就是这样的，如下图所示。

022 加一条线

如图所示。

545+5=550

023 想一个数

古埃及的数学家将未知数叫作“黑匣子”，我们这里也可以借用这个概念，我们把不确定的未知数称为“黑匣子”。运用这个概念，这个小游戏的秘密马上就会被破解了。你要完成两件事情：

1. 你要处理一个未知的变量。在代数学中我们这里的“黑匣子”用 x 表示。

2. 与找某一个特定的数来测试不同，你应该用一种一般的方式，来表示这个思维游戏的结果总是 7。

在代数学中，有很多复杂的证明可以用几何图表直观地表示出来，使这个定理的证明能够一目了然。

随便想一个数 ← 这就是这个数

加上 10

乘以 2

减去 6

除以 2

然后再减去你最开始想的那个数。结果是 7。

024 类似的数列

第 9 个数是 31131211131221。

第 10 个数是 13211311123113112211。

在这个数列里的每一个数都是描述前一个数各个数字的个数 (3 个 1，1 个 3，1 个 2 等等)

这个数列里的数很快就变得非常大，而且这个数列里的数字不会超过 3。比如， 这个数列里的第 16 个数包含 102 个数字，而第 27 个数包含 2012 个数字。

这个数列是由德国数学家马利欧 · 西格麦尔于 1980 年发明的。

025 冰雹数

以 7 开头到后面也会变成同一串数，只不过过程会稍长一点：7，22，11，34，17，52，26，13，40，20，10，5，16，8，4，2，1，4，2…

至于是否以所有数开头，到后面都会变成同一串数，这个到目前为止还不知道。

以 1 ~ 26 开头很快就会成为同一串数，而 27 则会在这列数的第 77 个数时达到最大，即 9232，在第 111 个数成为同一串数。

026 六边形

如图所示。

027 数字卡片

如图所示。

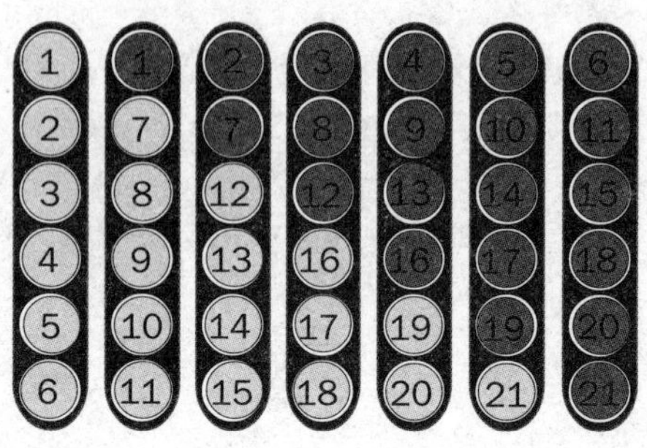

028 3个队员的队

如图所示。

029 连续整数（1）

3 个重物的重量分别为 17，18 和 19 克。

030 连续整数（2）

x+（x+1）+（x+2）+（x+3）=90

4x+6=90

x=21

因此这 4 个重物分别重 21，22，23，24 克。

031 等式平衡

4-x=x-2

6=2x

3=x

032 重物平衡（1）

7 个蓝色重物。

033 重物平衡（2）

3 个蓝色重物和 1 个黄色重物。

034 总数游戏（1）

不管游戏者 1 将 5 放在哪一栏中，游戏者 2 把 6 放在另一栏里就可以赢得游戏。

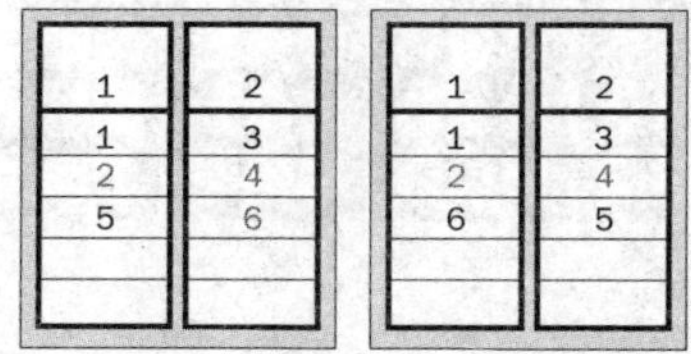

1	2
1	3
2	4
5	6

1	2
1	3
2	4
6	5

035 总数游戏（2）

在这个游戏中，不可能把 9 个数字全部放进这两栏中，最多只能放进 8。

栏数 1	栏数 2
1	3
2	5
4	6
8	7

036 卢卡数列

无论你前 2 个数写的是什么，这 10 个数的总和总是等于绿色方框里的数的 11 倍。

037 4个盒子里的重物

1 ~ 52 全部都能放进盒子里，如图所示。存在其他解法。

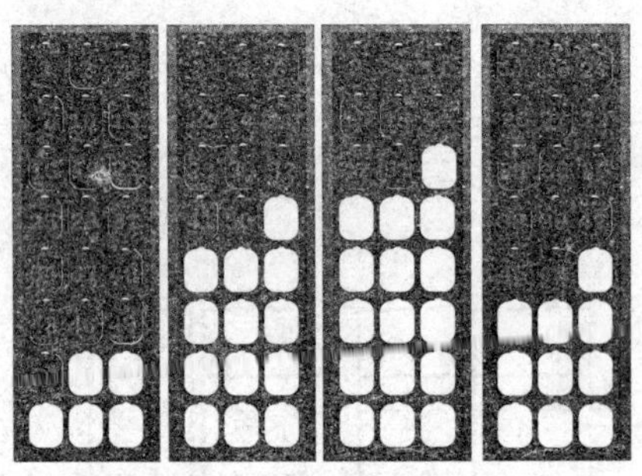

038 突变

如图所示。比原始卡片的宽和高都增加了 1 倍。

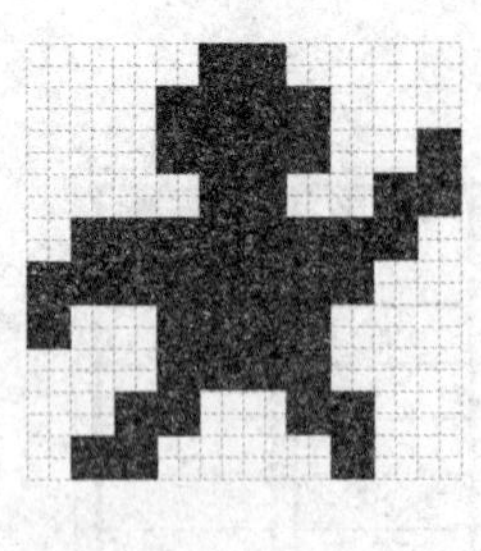

图书在版编目（CIP）数据

右脑训练开发 / 李昕编. — 北京 : 中国华侨出版社, 2018.5
（大脑使用书 / 侯海博主编）
ISBN 978-7-5113-7651-0

Ⅰ. ①右… Ⅱ. ①李… Ⅲ. ①智力游戏 Ⅳ. ①G898.2

中国版本图书馆CIP数据核字(2018)第062679号

右脑训练开发

编　　者：李　昕
出 版 人：刘凤珍
责任编辑：紫　夜
封面设计：冬　凡
文字编辑：聂尊阳
美术编辑：郭　静
经　　销：新华书店
开　　本：880mm × 1230mm　1/32　印张：7　字数：223 千字
印　　刷：北京万友印刷有限公司
版　　次：2018 年 5 月第 1 版　2019 年 10 月第 16 次印刷
书　　号：ISBN 978-7-5113-7651-0
定　　价：128.00 元（全六册）

中国华侨出版社　北京市朝阳区静安里 26 号通成达大厦 3 层　邮编：100028
法律顾问：陈鹰律师事务所
发 行 部：（010）88893001　　传　　真：（010）62707370
网　　址：www.oveaschin.com　　E-mail：oveaschin@sina.com

如果发现印装质量问题，影响阅读，请与印刷厂联系调换。